Impressum
Verlag: BABADADA GmbH, Nedderfeld 112 , 22529 Hamburg
Geschäftsführer / Verlagsleitung: Harald Hof
Druck: Books on Demand GmbH, In de Tarpen 42, 22848 Norderstedt

Imprint
Publisher: BABADADA GmbH, Nedderfeld 112 , 22529 Hamburg, Germany
Managing Director / Publishing direction: Harald Hof
Print: Books on Demand GmbH, In de Tarpen 42, 22848 Norderstedt

σχολείο

escuela

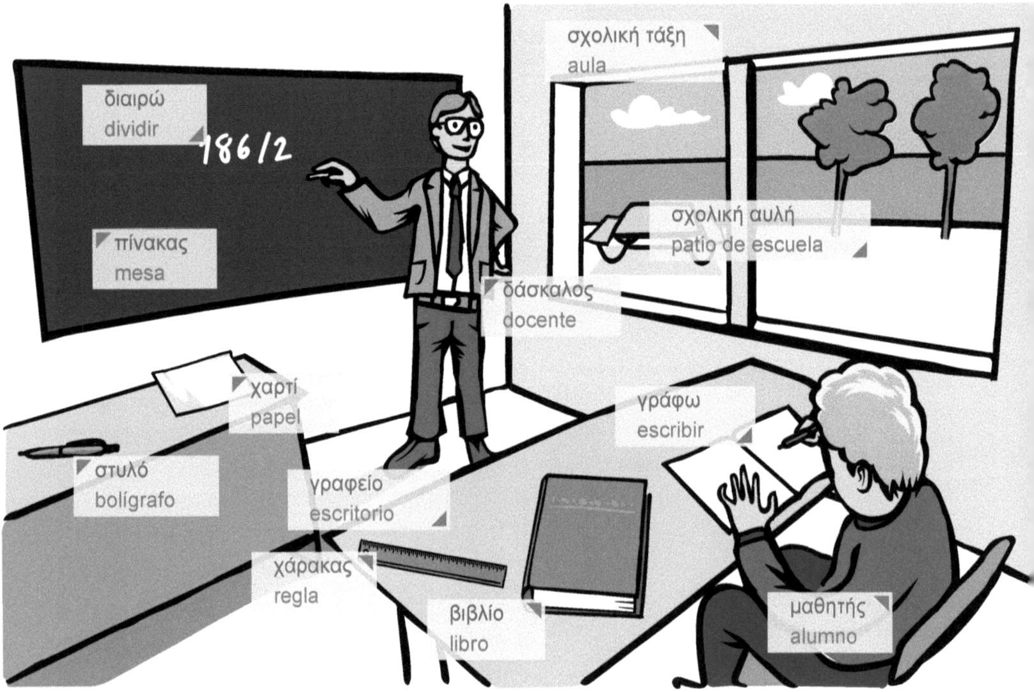

σχολική τάξη
aula
διαιρώ
dividir
186/2
πίνακας
mesa
σχολική αυλή
patio de escuela
δάσκαλος
docente
χαρτί
papel
γράφω
escribir
στυλό
bolígrafo
γραφείο
escritorio
χάρακας
regla
βιβλίο
libro
μαθητής
alumno

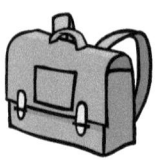

σχολική τσάντα

mochila escolar

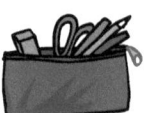

κασετίνα/ μολυβοθήκη

caja de lápices

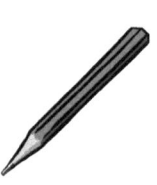

μολύβι

lápiz

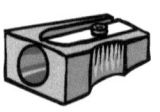

ξύστρα

sacapuntas

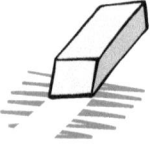

γόμα

goma de borrar

μπλοκ ζωγραφικής

bloc de dibujo

ζωγραφική

dibujo

πινέλο

pincel

κουτί χρωμάτων

caja de pinturas

ψαλίδι

tijera

κόλλα

pegamento

τετράδιο ασκήσεων

libro de ejercicios

εργασία για το σπίτι

tarea

αριθμός

número

προσθέτω

sumar

αφαιρώ

restar

πολλαπλασιάζω

multiplicar

υπολογίζω

calcular

γράμμα

letra

αλφάβητο

alfabeto

λέξη

palabra

κείμενο

texto

διαβάζω

leer

κιμωλία

tiza

μάθημα

lección

εγγράφομαι

libro de clase

τεστ

examen

πιστοποιητικό

certificado

μαθητική στολή

uniforme escolar

εκπαίδευση

educación

εγκυκλοπαίδεια

enciclopedia

πανεπιστήμιο

universidad

μικροσκόπιο

microscopio

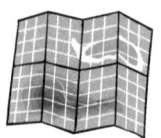

χάρτης

mapa

καλάθι αχρήστων

cesto de papeles

ταξίδι
viaje

ξενοδοχείο
hotel
Grand
ξενώνας
albergue
ROOMS
ανταλλακτήρια συναλλάγματος
casa de cambio
βαλίτσα
maleta
αυτοκίνητο
auto

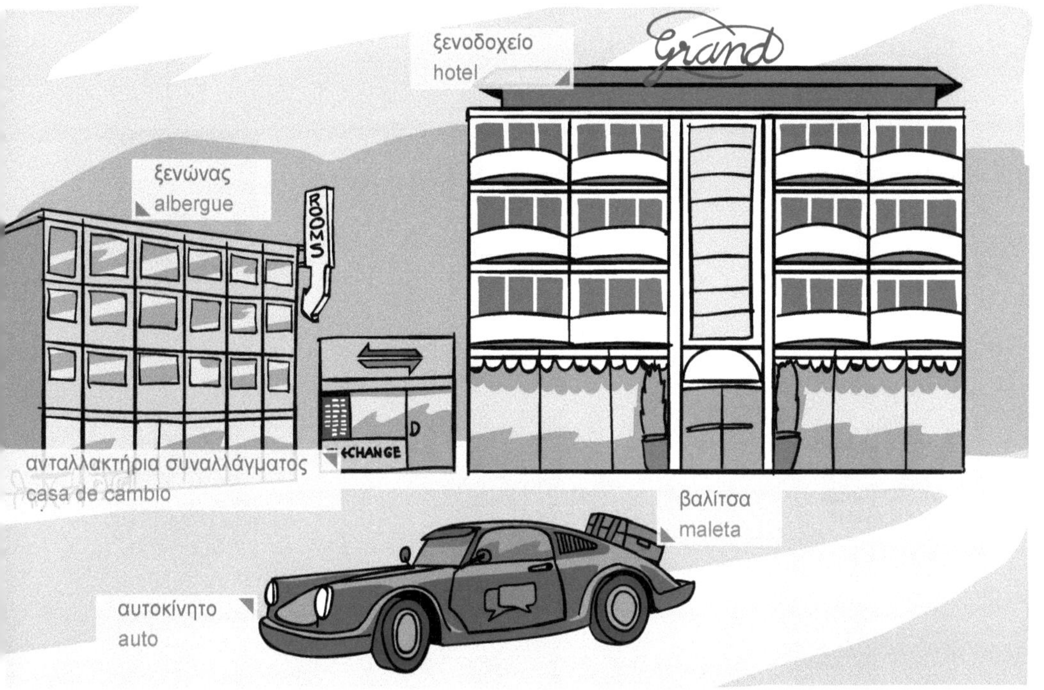

γλώσσα

idioma

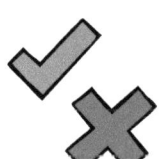

ναι / όχι

sí / no

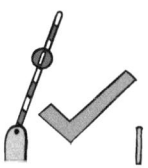

εντάξει

ok

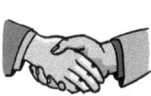

γεια σου

hola

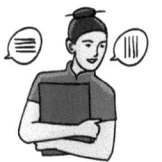

μεταφραστής

intérprete

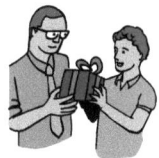

Ευχαριστώ

gracias

πόσο κάνει ;

¿Cuánto cuesta...?

Δε καταλαβαίνω

No entiendo

πρόβλημα

problema

Καλησπέρα!

¡Buenas tardes!

Καλημέρα!

¡Buenos días!

Καληνύχτα!

¡Buenas noches!

Αντίο

adiós

κατεύθυνση

dirección

αποσκευές

equipaje

τσάντα

bolso

σακίδιο πλάτης

mochila

καλεσμένος

invitado

δωμάτιο

cuarto

υπνόσακος

saco de dormir

σκηνή

tienda de campaña

τουριστικές πληροφορίες

información al turista

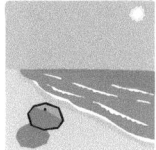

παραλία

playa

πιστωτική κάρτα

tarjeta de crédito

πρωινό

desayuno

μεσημεριανό

almuerzo

δείπνο

cena

εισιτήριο

pasaje

ανελκυστήρας

ascensor

γραμματόσημο

sello

σύνορα

límite

τελωνείο

aduana

πρεσβεία

embajada

βίζα

visa

διαβατήριο

pasaporte

ταξίδι - viaje

μεταφορά
transporte

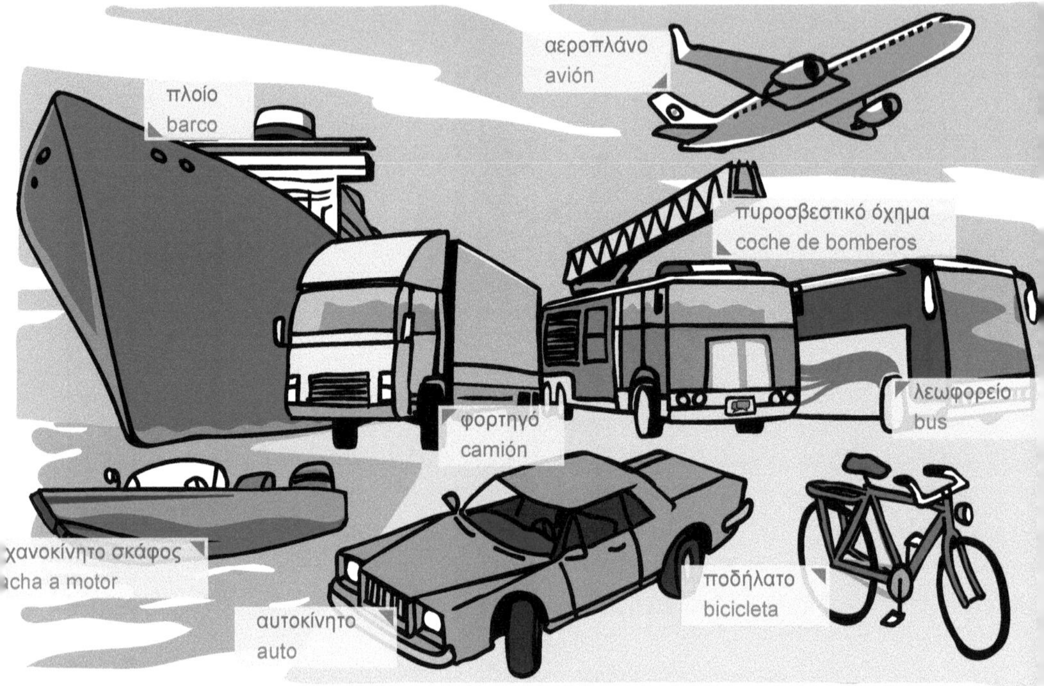

αεροπλάνο
avión
πλοίο
barco
πυροσβεστικό όχημα
coche de bomberos
λεωφορείο
bus
φορτηγό
camión
χανοκίνητο σκάφος
cha a motor
ποδήλατο
bicicleta
αυτοκίνητο
auto

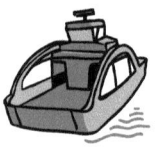

φεριμπότ

balsa

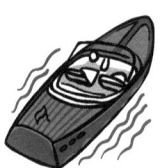

βάρκα

lancha

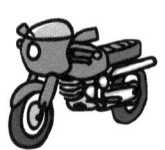

μοτοσικλέτα

motocicleta

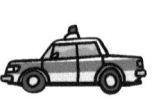

περιπολικό

auto de policía

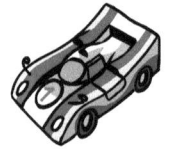

αγωνιστικό αυτοκίνητο

auto de carreras

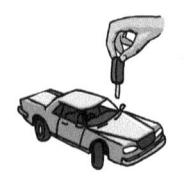

ενοικιαζόμενο αυτοκίνητο

auto de alquiler

διαμοιρασμός αυτοκινήτων

alquiler de autos

γερανός

grúa

απορριμματοφόρο

vehículo recolector de basura

κινητήρας

motor

καύσιμο

gasolina

βενζινάδικο

gasolinera

πινακίδα σήμανσης

señal de tráfico

κυκλοφορία

tránsito

κυκλοφοριακή συμφόρηση

atasco

χώρος στάθμευσης

estacionamiento

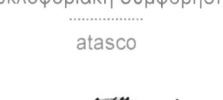

σιδηροδρομικός σταθμός

estación de tren

σιδηροδρομικές γραμμές

carril

τρένο

tren

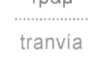

τραμ

tranvía

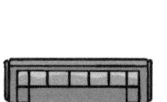

βαγόνι

vagón

ελικόπτερο

helicóptero

αεροδρόμιο

aeropuerto

πύργος

torre

επιβάτης

pasajero

εμπορευματοκιβώτιο

contenedor

χαρτοκιβώτιο

caja de cartón

καρότσι

carro

καλάθι

cesta

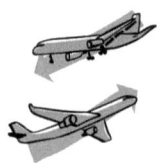

απογειώνομαι /
προσγειόνομαι

despegar / aterrizar

πόλη
ciudad

χωριό

aldea

κέντρο της πόλης

centro de la ciudad

σπίτι

casa

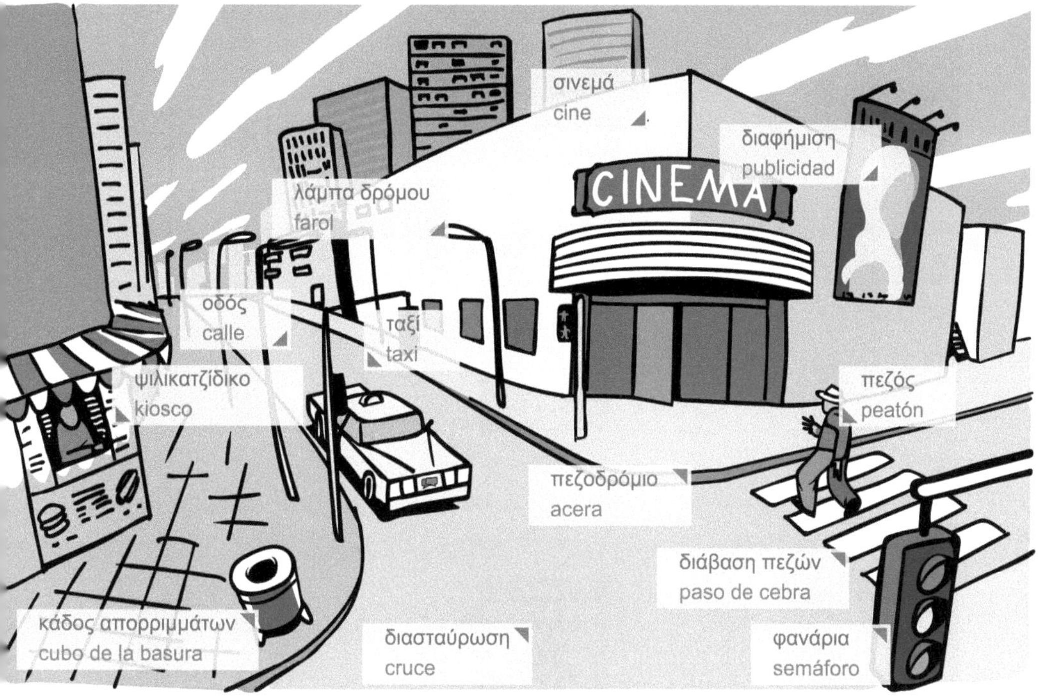

σινεμά
cine

διαφήμιση
publicidad

λάμπα δρόμου
farol

CINEMA

οδός
calle

ταξί
taxi

ψιλικατζίδικο
kiosco

πεζός
peatón

πεζοδρόμιο
acera

διάβαση πεζών
paso de cebra

κάδος απορριμμάτων
cubo de la basura

διασταύρωση
cruce

φανάρια
semáforo

καλύβα

cabaña

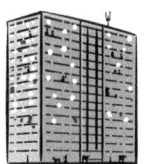

διαμέρισμα

apartamento

σιδηροδρομικός σταθμός

estación de tren

δημαρχείο

ayuntamiento

μουσείο

museo

σχολείο

escuela

πανεπιστήμιο

universidad

τράπεζα

banco

νοσοκομείο

hospital

ξενοδοχείο

hotel

φαρμακείο

farmacia

γραφείο

oficina

βιβλιοπωλείο

librería

κατάστημα

negocio

ανθοπωλείο

florería

σούπερ μάρκετ

supermercado

αγορά

mercado

πολυκατάστημα

grandes almacenes

ιχθυοπωλείο

pescadería

εμπορικό κέντρο

centro comercial

λιμάνι

puerto

πόλη - ciudad

πάρκο

parque

παγκάκι

banco

γέφυρα

puente

σκάλες

escalera

μετρό

metro

τούνελ

túnel

στάση λεωφορείου

parada de autobuses

μπαρ

bar

εστιατόριο

restaurante

γραμματοκιβώτιο

buzón de correo

πινακίδα δρόμου

letrero

παρκόμετρο

parquímetro

ζωολογικός κήπος

zoológico

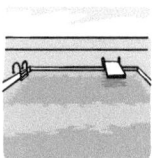

πισίνα

piscina

τζαμί

mezquita

αγρόκτημα

granja

ρύπανση

polución

νεκροταφείο

cementerio

εκκλησία

iglesia

παιδική χαρά

parque infantil

ναός

templo

τοπίο

paisaje

φύλλο
hoja

πινακίδα κατεύθυνσης
indicador de camino

δρόμος
sendero

λιβάδι
pradera

πέτρα
piedra

δέντρο
árbol

πεζοπόρος
caminante

ποτάμι
río

χορτάρι
pasto

λουλούδι
flor

κοιλάδα

valle

λόφος

montaña

λίμνη

lago

δάσος

bosque

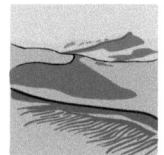

έρημος

desierto

ηφαίστειο

volcán

κάστρο

castillo

ουράνιο τόξο

arco iris

μανιτάρι

seta

φοίνικας

palmera

κουνούπι

mosquito

μύγα

mosca

μυρμήγκι

hormiga

μέλισσα

abeja

αράχνη

araña

σκαθάρι
escarabajo

βάτραχος
rana

σκίουρος
ardilla

σκαντζόχοιρος
erizo

λαγός
liebre

κουκουβάγια
lechuza

πουλί
pájaro

κύκνος
cisne

αγριογούρουνο
jabalí

ελάφι
ciervo

άλκη
alce

φράγμα
embalse

ανεμογεννήτρια
aerogenerador

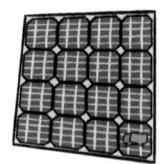

ηλιακός συλλέκτης
módulo solar

κλίμα
clima

εστιατόριο
restaurante

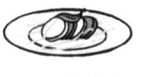

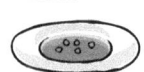

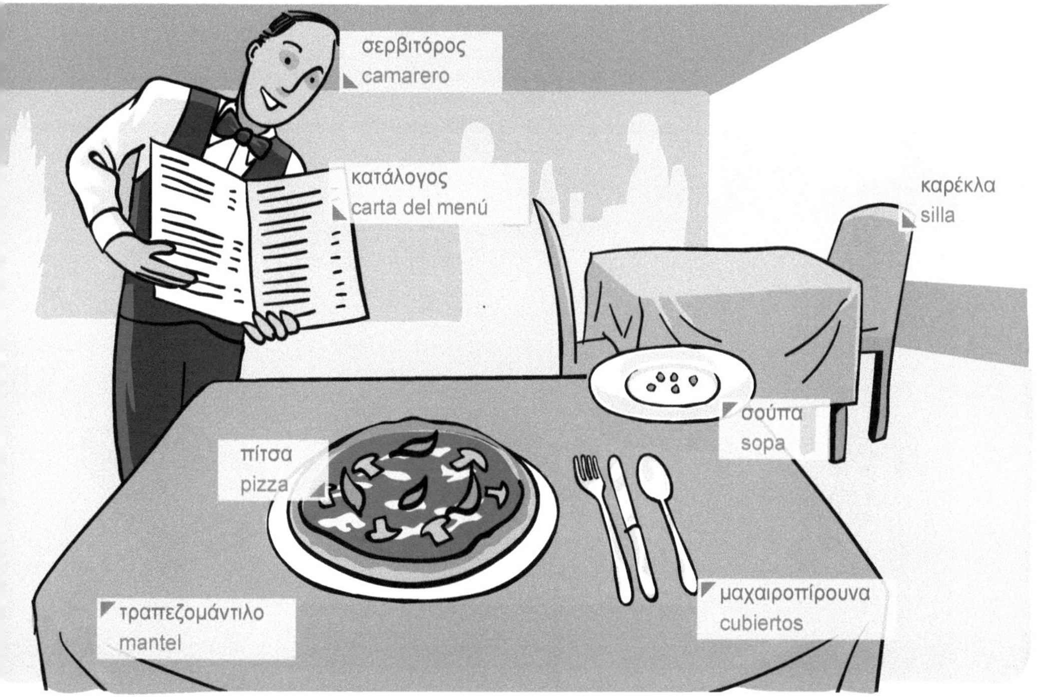
σερβιτόρος
camarero
κατάλογος
carta del menú
καρέκλα
silla
σούπα
sopa
πίτσα
pizza
τραπεζομάντιλο
mantel
μαχαιροπίρουνα
cubiertos

ορεκτικό

entrada

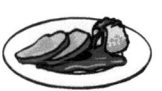

κύριο πιάτο

plato principal

επιδόρπιο

postre

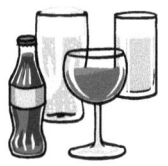

ποτά

bebida

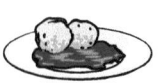

φαγητό

comida

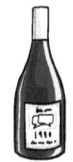

μπουκάλι

botella

φαστ φουντ

comida rápida

φαγητό στ' όρθιο

comida callejera

τσαγιέρα

tetera

δοχείο ζάχαρης

azucarera

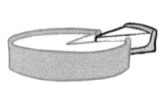

μερίδα

porción

μηχανή εσπρέσο

máquina de espresso

ψηλή καρέκλα

silla alta

λογαριασμός

factura

δίσκος

bandeja

μαχαίρι

cuchillo

πιρούνι

tenedor

κουτάλι

cuchara

κουταλάκι του τσαγιού

cuchara de té

πετσέτα φαγητού

servilleta

ποτήρι

vaso

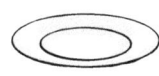

πιάτο

plato

πιάτο σούπας

plato de sopa

πιατάκι φλιτζανιού

platillo

σάλτσα

salsa

αλατιέρα

salero

μύλος για πιπέρι

molinillo para pimienta

ξύδι

vinagre

λάδι

aceite

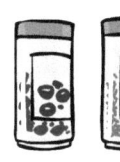

μπαχαρικά

especias

κέτσαπ

ketchup

μουστάρδα

mostaza

μαγιονέζα

mayonesa

σούπερ μάρκετ
supermercado

προσφορά
oferta
FOR
πελάτης
cliente
γαλακτοκομικά προϊόντα
productos lácteos
φρούτα
fruta
καρότσι για ψώνια
carrito de compras

BUTCHERS

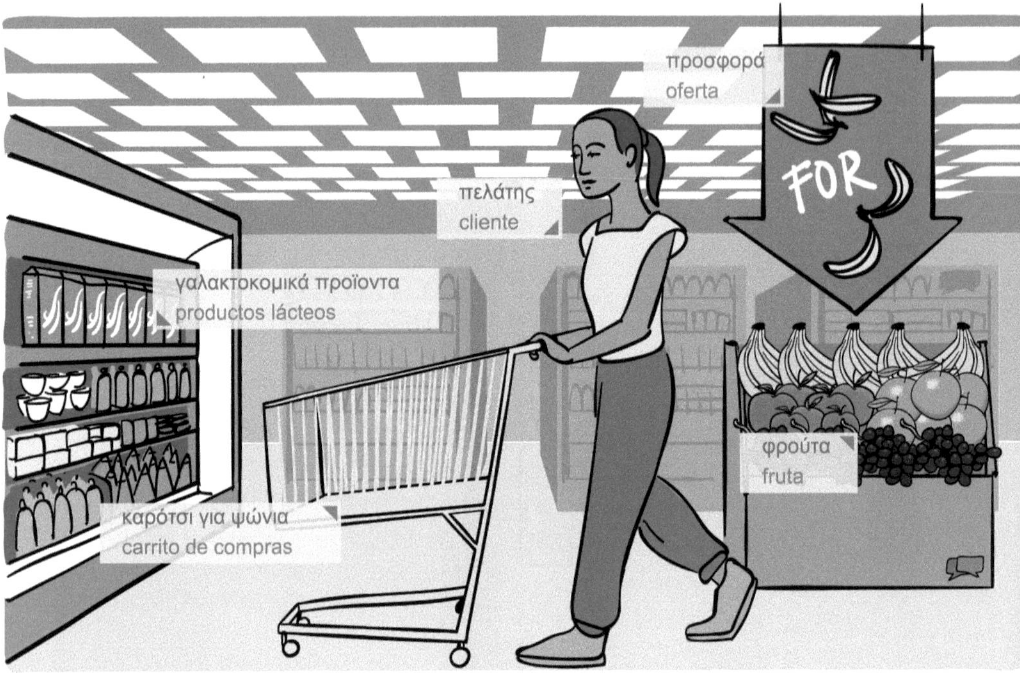

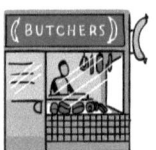

κρεοπωλείο

carnicería

BAKERY

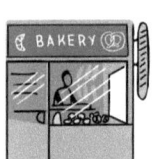

φούρνος

panadería

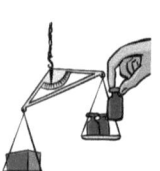

ζυγίζω

pesar

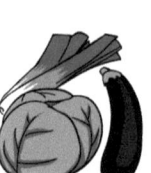

λαχανικά

verdura

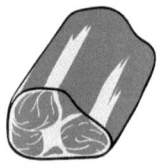

κρέας

carne

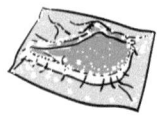

κατεψυγμένα τρόφιμα

alimentos congelados

αλλαντικά

fiambre

κονσερβοποιημένη τροφή

conservas

απορρυπαντικό ρούχων

detergente en polvo

γλυκά

dulces

οικιακά είδη

artículos domésticos

καθαριστικά προϊόντα

productos de limpieza

πωλήτρια

vendedora

ταμείο

caja

ταμίας

cajero

λίστα για ψώνια

lista de compras

ωράριο λειτουργίας

horario de atención

πορτοφόλι

cartera

πιστωτική κάρτα

tarjeta de crédito

τσάντα

maleta

πλαστική σακούλα

bolsa plástica

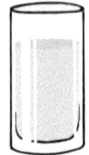

νερό

agua

χυμός

jugo

γάλα

leche

κόκα κόλα

refresco de cola

κρασί

vino

μπίρα

cerveza

αλκοόλ

alcohol

κακάο

cacao

τσάι

té

καφές

café

εσπρέσο

espresso

καπουτσίνο

cappuccino

μπανάνα

banana

μήλο

manzana

πορτοκάλι

naranja

πεπόνι

sandía

λεμόνι

limón

καρότο

zanahoria

σκόρδο

ajo

μπαμπού

bambú

κρεμμύδι

cebolla

μανιτάρι

seta

ξηροί καρποί

nueces

νουντλς

fideos

μακαρόνια

espagueti

ρύζι

arroz

σαλάτα

ensalada

πατατάκια

patatas fritas

τηγανητές πατάτες

patatas salteadas

πίτσα

pizza

χάμπουργκερ

hamburguesa

σάντουιτς

sándwich

κοτολέτα

escalope

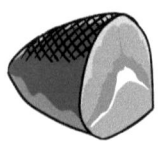

ζαμπόν

jamón

σαλάμι

salame

λουκάνικο

embutido

κοτόπουλο

pollo

ψητό

asado

ψάρι

pescado

χυλός βρώμης

copos de avena

μούσλι

musli

κορν φλέικς

copos de maíz tostado

αλεύρι

harina

κρουασάν

croissant

ψωμάκι

panecillo

ψωμί

pan

τοστ

tostada

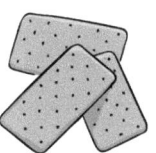

μπισκότα

galletas

βούτυρο

mantequilla

τυρόπηγμα

cuajada

κέικ

pastel

αυγό

huevo

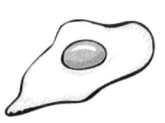

τηγανητό αυγό

huevo frito

τυρί

queso

παγωτό

helado

ζάχαρη

azúcar

μέλι

miel

μαρμελάδα

mermelada

άλλειμμα σοκολάτας

praliné

κάρυ

curry

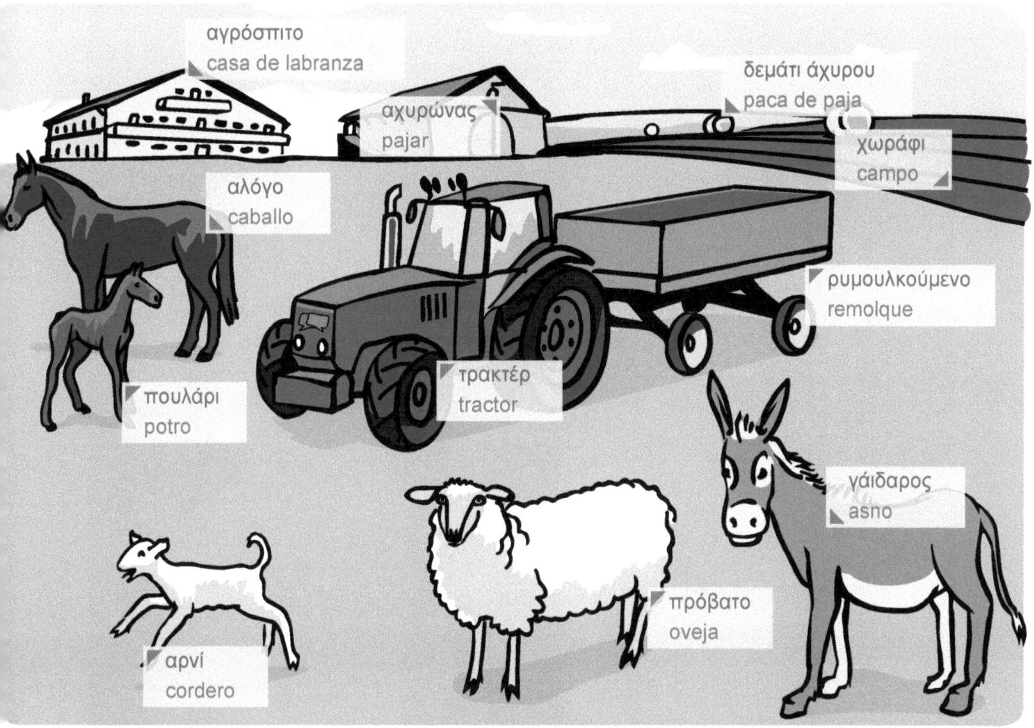

αγρόσπιτο
casa de labranza

αχυρώνας
pajar

δεμάτι άχυρου
paca de paja

χωράφι
campo

αλόγο
caballo

ρυμουλκούμενο
remolque

πουλάρι
potro

τρακτέρ
tractor

γάιδαρος
asno

πρόβατο
oveja

αρνί
cordero

κατσίκα

cabra

αγελάδα

vaca

μοσχαράκι

ternero

γουρούνι

cerdo

γουρουνάκι

lechón

ταύρος

toro

χήνα

ganso

πάπια

pato

κοτοπουλάκι

polluelo

κότα

pollo

κόκορας

gallo

αρουραίος

rata

γάτα

gato

ποντίκι

ratón

βόδι

buey

σκύλος

perro

σπιτάκι σκύλου

caseta del perro

λάστιχο κήπου

manguera de riego

ποτιστήρι

regadera

θεριστήρι

guadaña

αλέτρι

arado

δρεπάνι
hoz

τσάπα
azada

δίκρανο
bieldo

τσεκούρι
hacha

χειράμαξα
carretilla

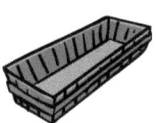

ταΐστρα
abrevadero

δοχείο γάλακτος
lechera

σάκος
saco

φράχτης
cerca

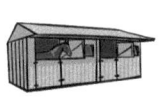

στάβλος
establo

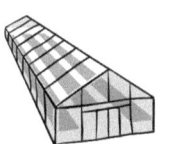

θερμοκήπιο
invernadero

έδαφος
suelo

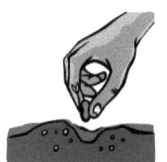

σπόρος
semilla

λίπασμα
fertilizante

θεριζοαλωνιστική μηχανή
cosechadora

θερίζω

cosechar

συγκομιδή

cosecha

γιαμς

raíz de ñame

σιτάρι

trigo

σόγια

soja

πατάτα

patata

καλαμπόκι

maíz

κράμβη

colza

οπωροφόρο δέντρο

Árbol frutal

μανιόκα

mandioca

δημητριακά

cereales

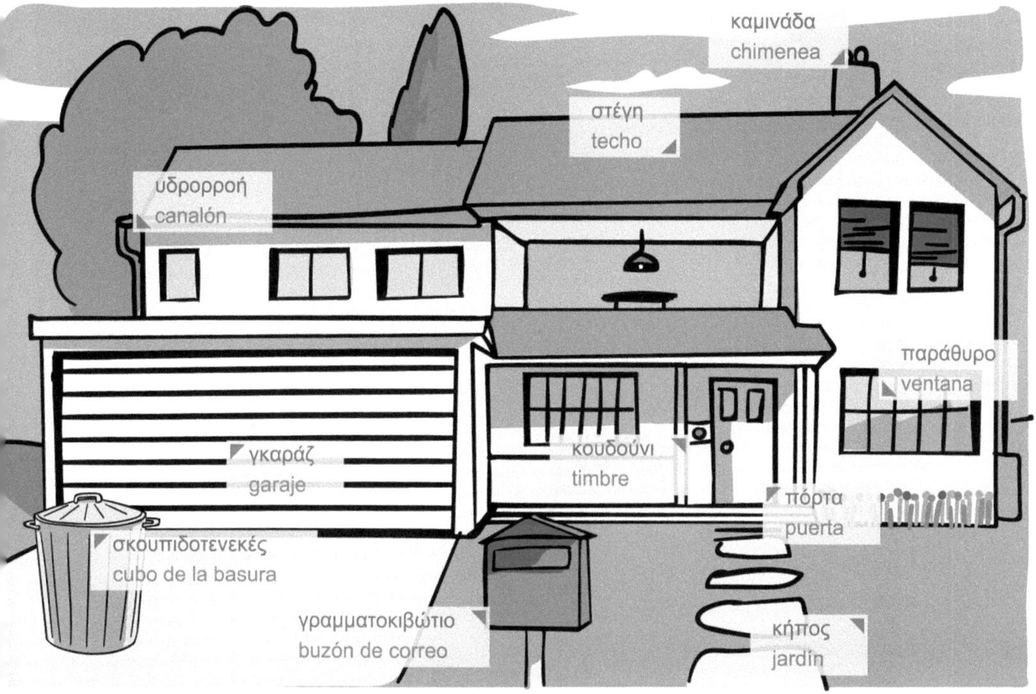

καμινάδα
chimenea

στέγη
techo

υδρορροή
canalón

παράθυρο
ventana

γκαράζ
garaje

κουδούνι
timbre

πόρτα
puerta

σκουπιδοτενεκές
cubo de la basura

γραμματοκιβώτιο
buzón de correo

κήπος
jardín

σαλόνι

cuarto de estar

μπάνιο

cuarto de baño

κουζίνα

cocina

υπνοδωμάτιο

dormitorio

παιδικό δωμάτιο

cuarto de los niños

τραπεζαρία

comedor

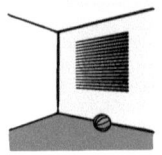

πάτωμα

piso

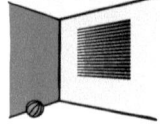

τοίχος

pared

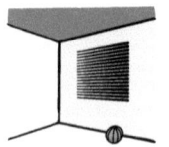

οροφή

cielorraso

κελάρι

sótano

σάουνα

sauna

μπαλκόνι

balcón

βεράντα

terraza

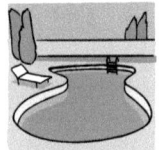

πισίνα

piscina

μηχανή του γκαζόν

cortacésped

σεντόνι

funda nórdica

κάλυμμα κρεβατιού

edredón

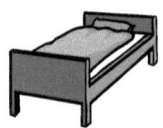

κρεβάτι

cama

σκούπα

escoba

κουβάς

cubo

διακόπτης

interruptor

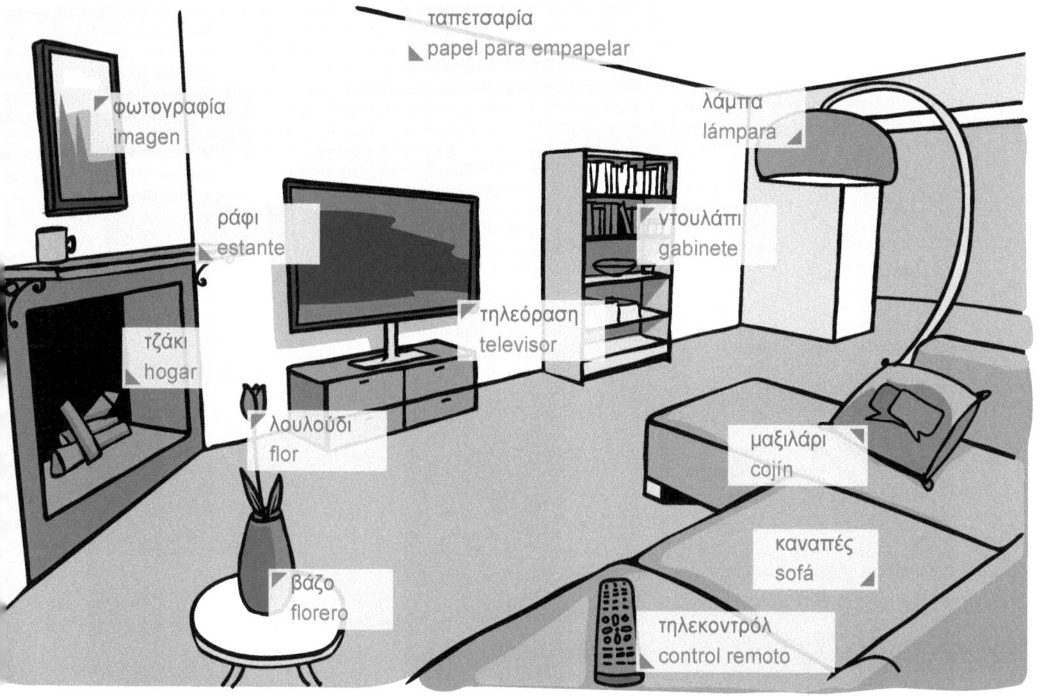

ταπετσαρία
papel para empapelar

φωτογραφία
imagen

λάμπα
lámpara

ράφι
estante

ντουλάπι
gabinete

τζάκι
hogar

τηλεόραση
televisor

λουλούδι
flor

μαξιλάρι
cojín

καναπές
sofá

βάζο
florero

τηλεκοντρόλ
control remoto

χαλί
alfombra

κουρτίνα
cortina

τραπέζι
mesa

καρέκλα
silla

κουνιστή πολυθρόνα
mecedora

πολυθρόνα
sillón

βιβλίο

libro

κουβέρτα

frazada

διακόσμηση

decoración

καυσόξυλα

leña

ταινία

film

στερεοφωνικό σύστημα

equipo estereofónico

κλειδί

llave

εφημερίδα

periódico

πίνακας ζωγραφικής

cuadro

αφίσα

póster

ραδιόφωνο

radio

σημειωματάριο

bloc de notas

ηλεκτρική σκούπα

aspiradora

κάκτος

cactus

κερί

vela

κουζίνα
cocina

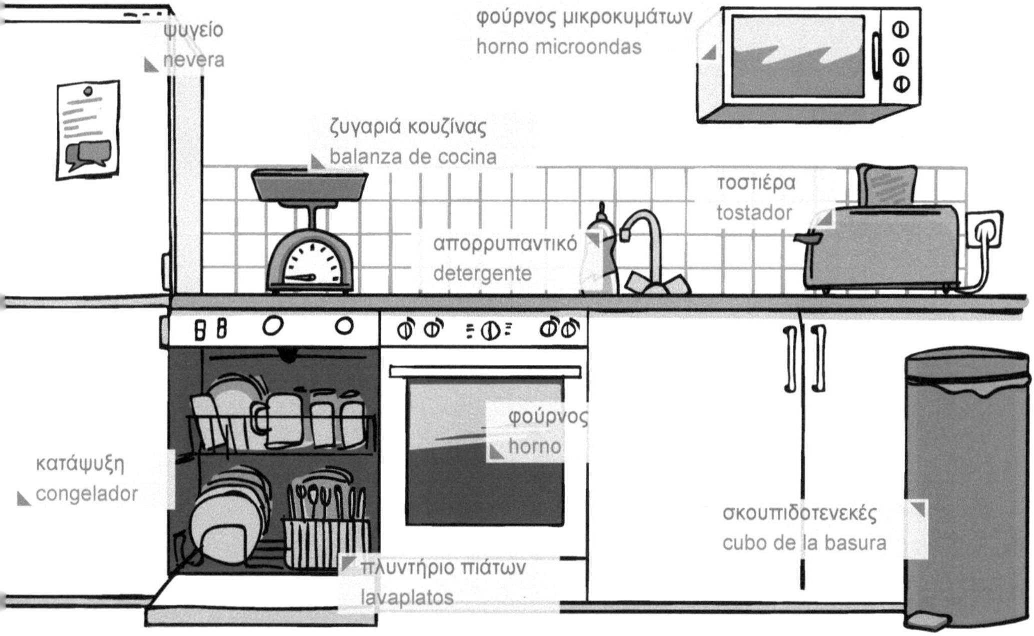
ψυγείο
nevera
φούρνος μικροκυμάτων
horno microondas
ζυγαριά κουζίνας
balanza de cocina
τοστιέρα
tostador
απορρυπαντικό
detergente
φούρνος
horno
κατάψυξη
congelador
σκουπιδοτενεκές
cubo de la basura
πλυντήριο πιάτων
lavaplatos

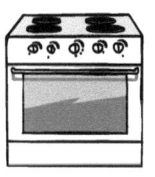

κουζίνα
cocina

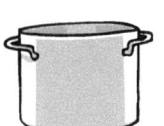

κατσαρόλα
olla

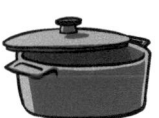

μαντεμένια κατσαρόλα
olla de fundición de hierro

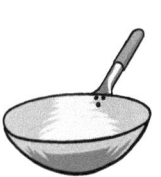

γουόκ/καντάι
wok / kadai

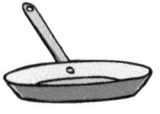

τηγάνι
sartén

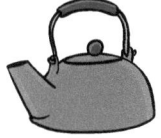

βραστήρας
hervidor de agua

ατμομάγειρας

olla de vapor

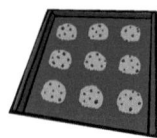

ταψί

bandeja de horno

πιατικά

vajilla

κούπα

vaso

μπολ

bol

ξυλάκια

palillos para comer

κουτάλα

cucharón de sopa

σπάτουλα

espátula

ανακατεύω

batidor

σουρωτήρι

colador

σουρωτηράκι

cedazo

τρίφτης

rallador

γουδί

mortero

ψησταριά

parrillada

ανοιχτή φωτιά

fogata

σανίδα κοπής

tabla de picar

πλάστης

rodillo

ανοιχτήρι φελλών

sacacorchos

κονσέρβα

lata

ανοιχτήρι κονσέρβας

abrelatas

γάντι φούρνου

agarrador

νεροχύτης

fregadero

βούρτσα

cepillo

σφουγγάρι

esponja

μπλέντερ

batidora

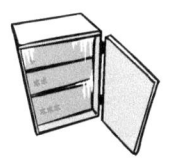

καταψύκτης

arcón congelador

μπιμπερό

biberón

βρύση

grifo

μπάνιο
cuarto de baño

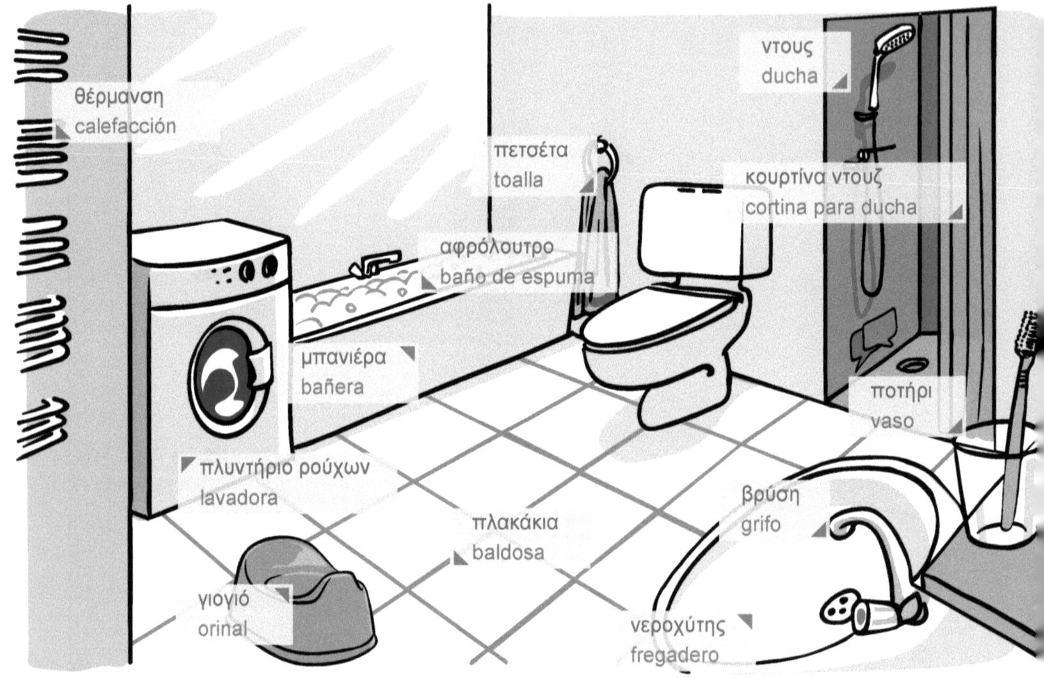
θέρμανση
calefacción
πετσέτα
toalla
ντους
ducha
κουρτίνα ντουζ
cortina para ducha
αφρόλουτρο
baño de espuma
μπανιέρα
bañera
ποτήρι
vaso
πλυντήριο ρούχων
lavadora
βρύση
grifo
πλακάκια
baldosa
γιογιό
orinal
νεροχύτης
fregadero

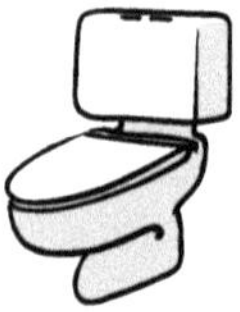

τουαλέτα

cuarto de baño

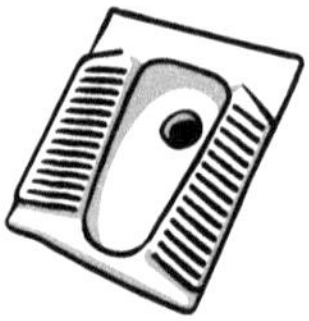

τούρκικη τουαλέτα

placa turca

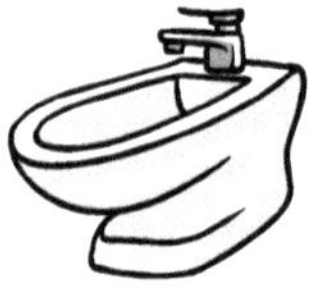

μπιντές

bidé

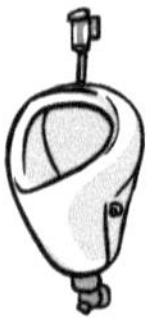

ουρητήριο

urinario

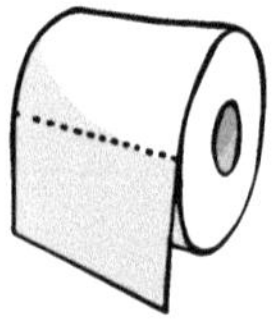

χαρτί υγείας

papel higiénico

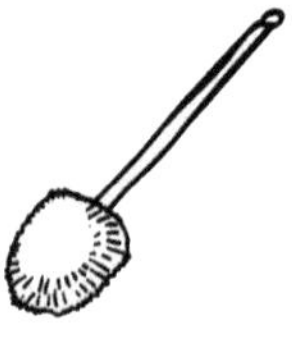

πιγκάλ

escobilla para el cuarto de baño

οδοντόβουρτσα

cepillo de dientes

οδοντόκρεμα

pasta dentífrica

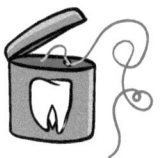

οδοντικό νήμα

seda dental

πλένω

lavar

τηλέφωνο ντους

ducha teléfono

ντουσιέρα

ducha higiénica

λεκάνη

cuenco

βούρτσα πλάτης

cepillo para la espalda

σαπούνι

jabón

αφρόλουτρο

gel de ducha

σαμπουάν

champú

φανέλα

manopla para baño

σιφόνι

desagüe

κρέμα

crema

αποσμητικό

desodorante

καθρέφτης

espejo

καθρέφτης χειρός

espejo de maquillaje

ξυραφάκι

máquina de afeitar

αφρός ξυρίσματος

espuma de afeitar

αφτερσέιβ

loción para después del
afeitado

χτένα

peine

βούρτσα

cepillo

σεσουάρ

secador para cabello

λακ

laca de peinado

μακιγιάζ

maquillaje

κραγιόν

lápiz labial

βερνίκι νυχιών

laca para uñas

βαμβάκι

algodón

ψαλίδι νυχιών

tijera para uñas

άρωμα

perfume

νεσεσέρ

neceser

σκαμπό

taburete

ζυγαριά

balanza

μπουρνούζι

bata de baño

ελαστικά γάντια

guantes de goma

ταμπόν

tampón

πετσέτα υγιεινής

compresa

χημική τουαλέτα

wáter químico

παιδικό δωμάτιο
cuarto de los niños

ξυπνητήρι
despertador
λούτρινο ζωάκι
animal de peluche
αυτοκινητάκι
auto de juguete
κουδουνίστρα
sonajero
κουκλόσπιτο
casa de muñecas
δώρο
obsequio

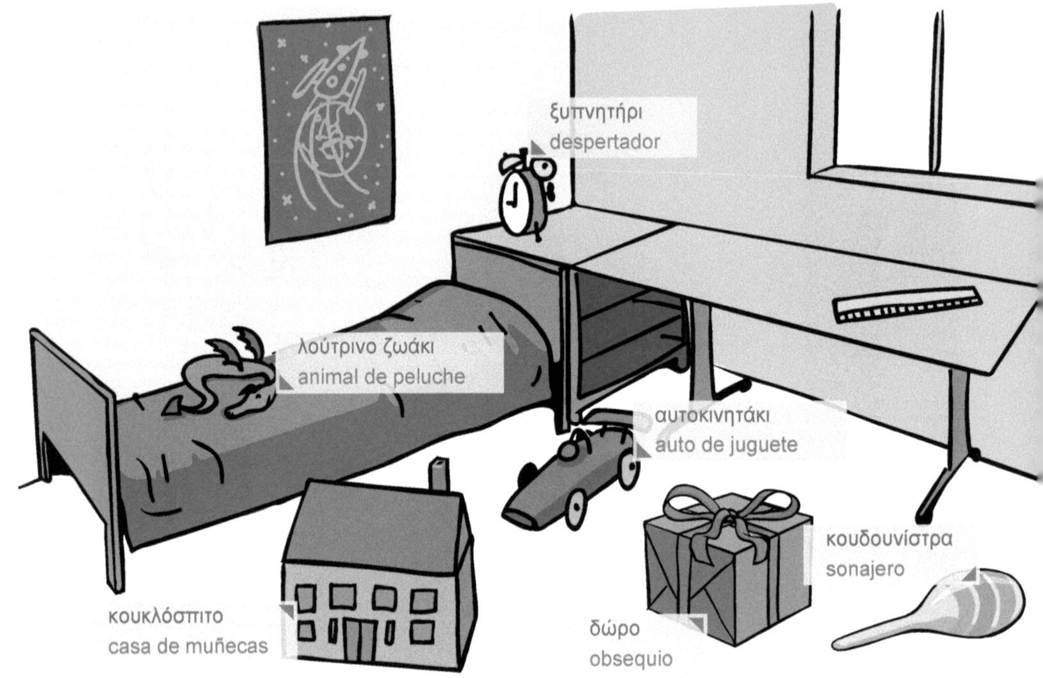

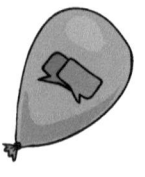

μπαλόνι

globo

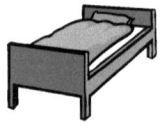

κρεβάτι

cama

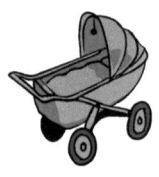

καροτσάκι

cochecito para niños

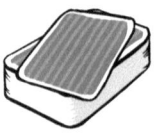

τράπουλα

juego de barajas

παζλ

rompecabezas

SUPER MEGA

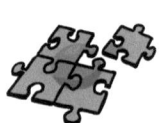

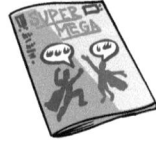

κόμικς

cómic

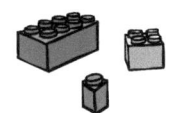

τουβλάκια lego

piezas de Lego

τουβλάκια κατασκευών

bloques para jugar

φιγούρα δράσης

figura de acción

βρεφικό φορμάκι

pijama de una pieza

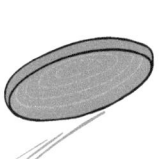

φρίσμπι

frisbee

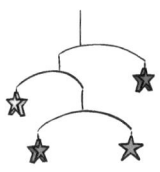

μόμπιλο

móvil

επιτραπέζιο παιχνίδι

juego de mesa

ζάρια

dado

σετ τρενάκι

tren eléctrico a escala

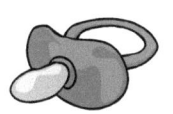

πιπίλα

chupcte

πάρτι

fiesta

εικονογραφημένο βιβλίο

libro de dibujos

μπάλα

pelota

κούκλα

títere

παίζω

jugar

σκάμμα με άμμο

arenero

κούνια

columpio

παιχνίδια

juguetes

κονσόλα βιντεοπαιχνιδιών

consola de videojuego

τρίκυκλο

triciclo

αρκουδάκι

osito de peluche

ντουλάπα

guardarropa

ρούχα
vestimenta

κάλτσες

calcetines

καλτσοδέτες

medias

καλσόν

panti

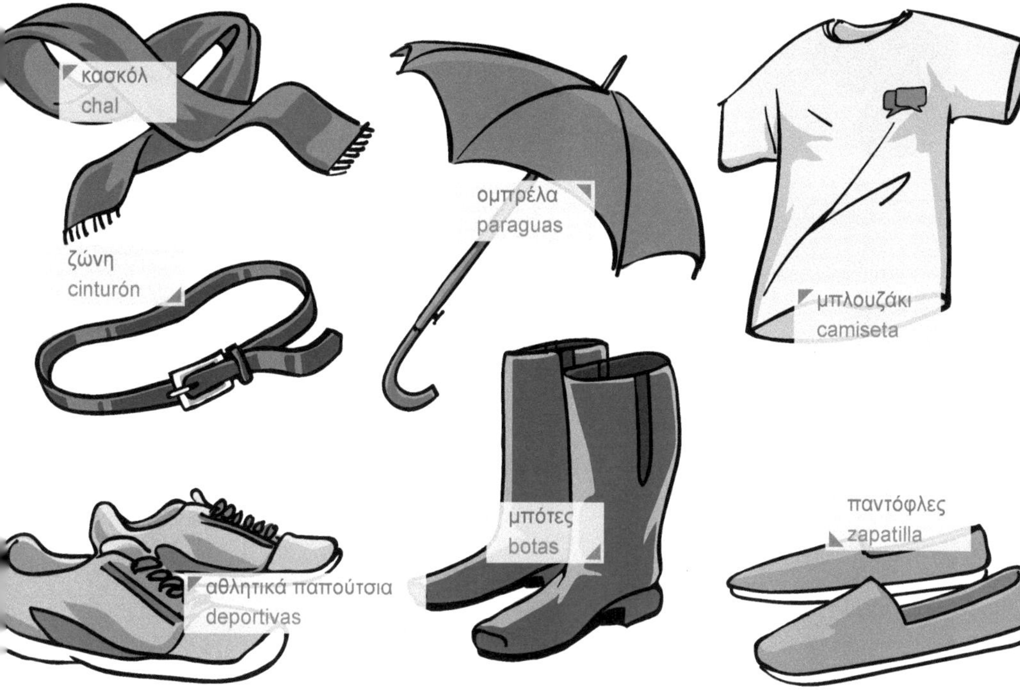

κασκόλ
chal

ζώνη
cinturón

ομπρέλα
paraguas

μπλουζάκι
camiseta

μπότες
botas

αθλητικά παπούτσια
deportivas

παντόφλες
zapatilla

σανδάλια
sandalias

παπούτσια
zapatos

γαλότσες
botas de goma

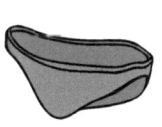

εσώρουχο
ropa interior

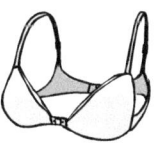

σουτιέν
corpiño

φανέλα
camiseta

ρούχα - vestimenta

σώμα

body

παντελόνι

pantalón

τζιν παντελόνι

jeans

φούστα

falda

μπλούζα

blusa

πουκάμισο

camisa

πουλόβερ

pullover

πουλόβερ

sweater

σακάκι

blazer

μπουφάν

chaqueta

παλτό

abrigo

αδιάβροχο πανωφόρι

impermeable

κοστούμι

traje chaqueta

φόρεμα

vestido

νυφικό

vestido de bodas

κοστούμι

traje

νυχτικό

camisón

πιτζάμες

pijama

σάρι

sari

μαντήλι

pañuelo de cabeza

τουρμπάνι

turbante

μπούρκα

burka

καφτάνι

caftán

μουσουλμανικό ένδυμα

abaya

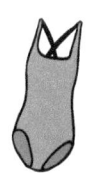

ολόσωμο μαγιό

traje de baño

ανδρικό μαγιό

bañador

σορτς

shorts

αθλητική φόρμα

chándal

ποδιά

delantal

γάντια

guante

κουμπί

botón

γυαλιά

gafa

βραχιόλι

brazalete

περιδέραιο

cadena

δαχτυλίδι

anillo

σκουλαρίκι

aro

καπέλο

gorra

κρεμάστρα

percha

καπέλο

sombrero

γραβάτα

corbata

φερμουάρ

cierre a cremallera

κράνος

casco

τιράντες

tiradores

μαθητική στολή

uniforme escolar

στολή

uniforme

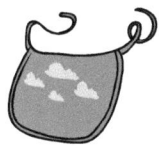

σαλιάρα

babero

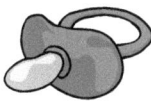

πιπίλα

chupete

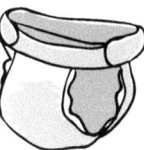

πάνα

pañal

γραφείο
oficina

σέρβερ
servidor
αρχειοθήκη
archivador
εκτυπωτής
impresora
χαρτί
papel
οθόνη
monitor
γραφείο
escritorio
ποντίκι
ratón
ντοσιέ
carpeta
πληκτρολόγιο
teclado
καλάθι αχρήστων
cesto de papeles
υπολογιστής
ordenador
καρέκλα
silla

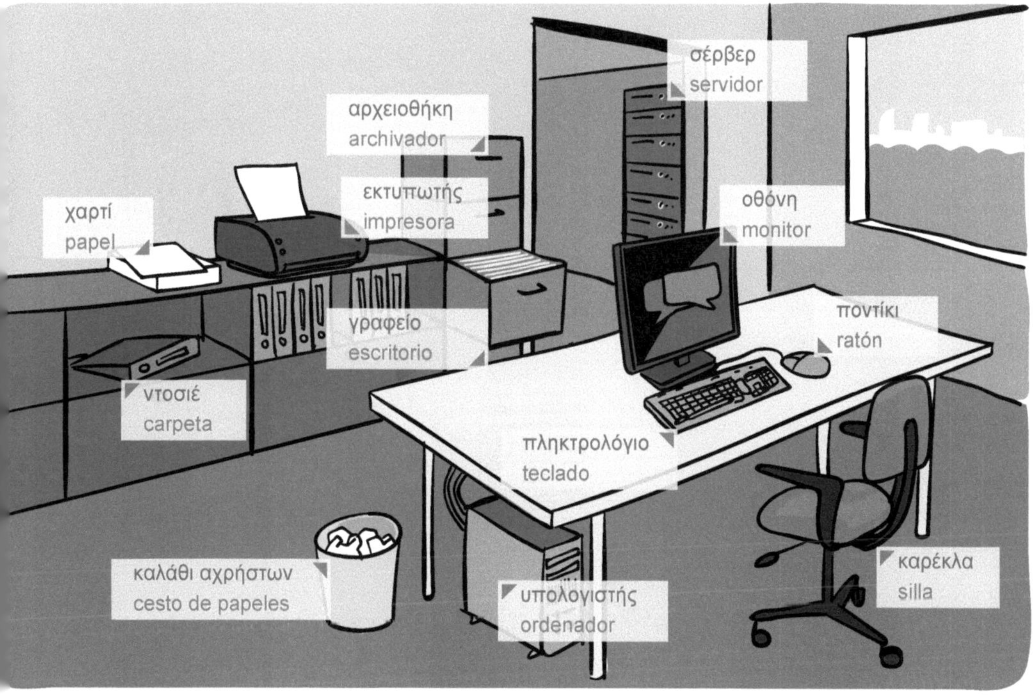

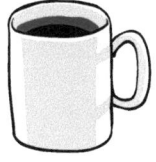

κούπα του καφέ

taza de café

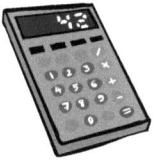

κομπιουτεράκι

calculadora

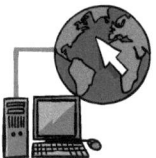

ίντερνετ

internet

λάπτοπ

laptop

γράμμα

carta

μήνυμα

mensaje

κινητό

teléfono móvil

δίκτυο

red

φωτοτυπικό μηχάνημα

fotocopiadora

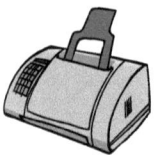

λογισμικό

software

τηλέφωνο

teléfono

πρίζα

tomacorriente

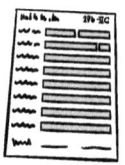

συσκευή φαξ

máquina de fax

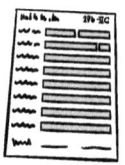

έντυπο

formulario

έγγραφο

documento

αγοράζω

comprar

πληρώνω

pagar

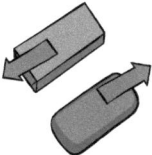

συναλλάσσομαι

comerciar

χρήματα

dinero

δολάριο

dólar

ευρώ

euro

γιεν

yen

ρούβλι

rublo

ελβετικό φράγκο

franco

ρενμίνμπι γιουάν

renminbi

ρουπία

rupia

ATM (αυτόματη ταμειακή μηχανή)

cajero automático

ανταλλακτήρια
συναλλάγματος

casa de cambio

χρυσός

oro

ασήμι

plata

πετρέλαιο

petróleo

ενέργεια

energía

τιμή

precio

συμβόλαιο

contrato

φόρος

impuesto

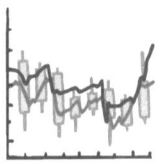

μετοχή

acción

δουλεύω

trabajar

υπάλληλος

empleado

εργοδότης

empleador

εργοστάσιο

fábrica

κατάστημα

negocio

επαγγέλματα
ocupaciones

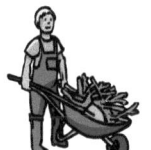

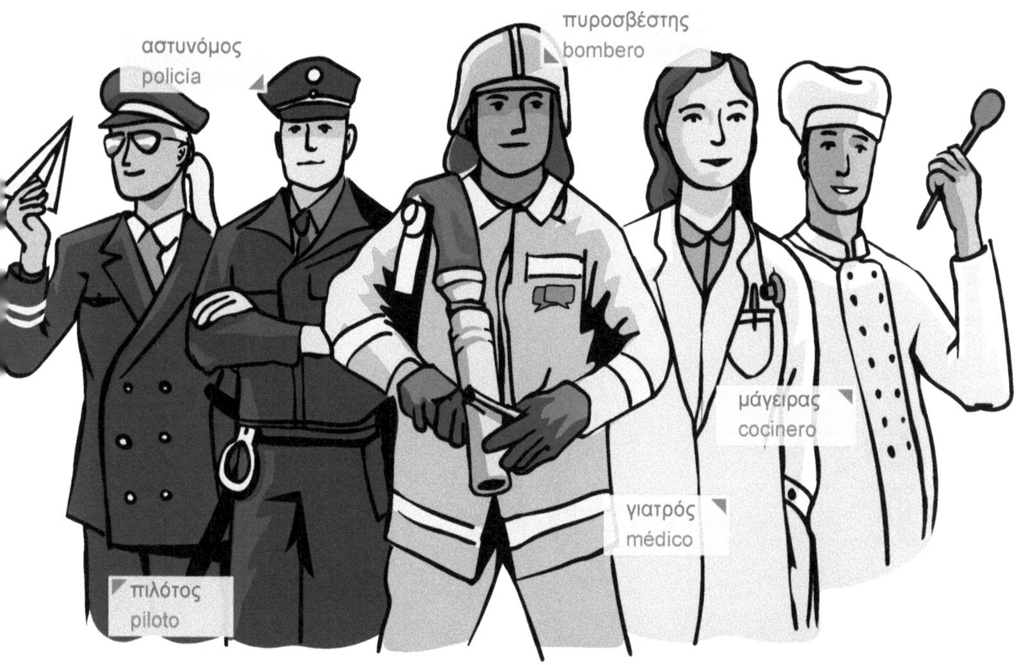
πυροσβέστης
bombero
αστυνόμος
policía
μάγειρας
cocinero
γιατρός
médico
πιλότος
piloto

κηπουρός

jardinero

ξυλουργός

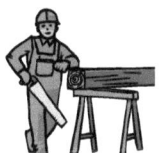

carpintero

μοδίστρα

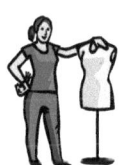

costurera

δικαστής

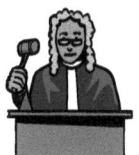

juez

χημικός

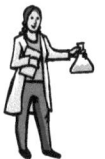

químico

ηθοποιός

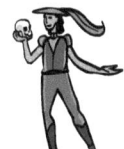

actor

οδηγός λεωφορείου

conductor de autobús

ταξιτζής

taxista

ψαράς

pescador

καθαρίστρια

mujer de la limpieza

τεχνίτης στεγών

techista

σερβιτόρος

camarero

κυνηγός

cazador

ζωγράφος

pintor

αρτοποιός

panadero

ηλεκτρολόγος

electricista

οικοδόμος

albañil

μηχανολόγος

ingeniero

κρεοπώλης

carnicero

υδραυλικός

fontanero

ταχυδρόμος

cartero

στρατιώτης

soldado

αρχιτέκτονας

arquitecto

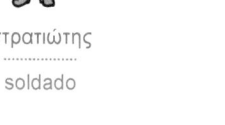

ταμίας

cajero

ανθοπώλης

florista

κομμωτής

peluquero

ελεγκτής εισιτηρίων

cobrador

μηχανικός

mecánico

καπετάνιος

capitán

οδοντίατρος

odontólogo

επιστήμονας

científico

ραβίνος

rabino

ιμάμης

imam

μοναχός

monje

ιερέας

párroco

εργαλεία
herramientas

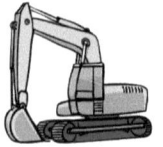

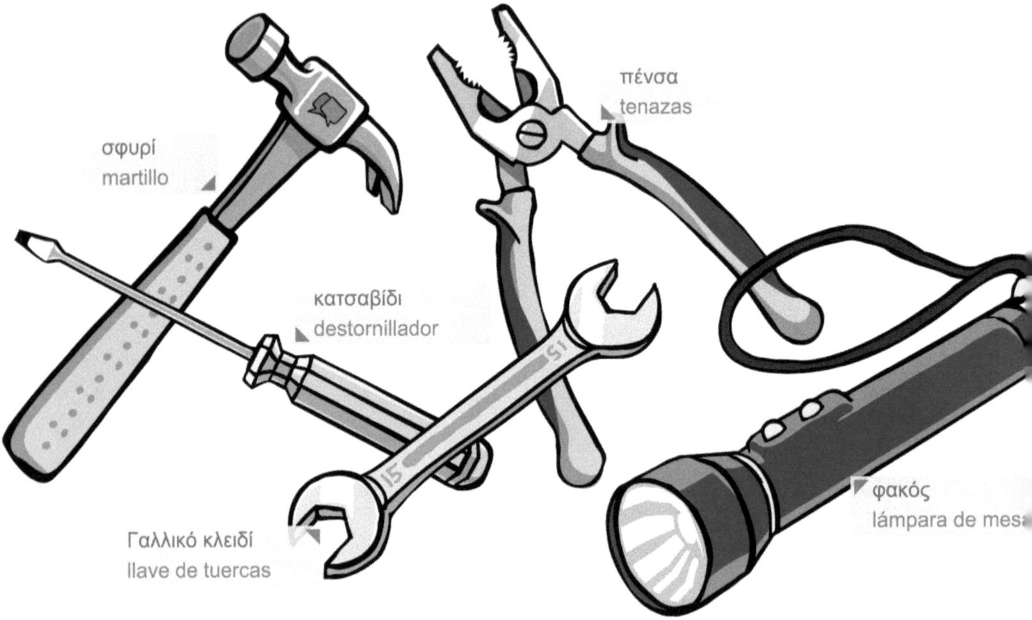
πένσα
tenazas
σφυρί
martillo
κατσαβίδι
destornillador
φακός
lámpara de mes
Γαλλικό κλειδί
llave de tuercas

εκσκαφέας
excavadora

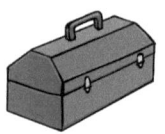

εργαλειοθήκη
caja de herramientas

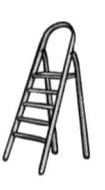

σκάλα
escalerilla

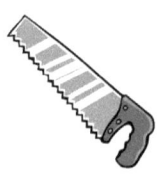

πριόνι
serrucho

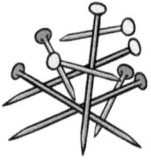

καρφιά
clavos

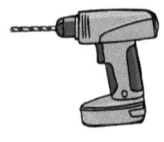

τρυπάνι
taladro

επισκευάζω

reparar

φτυάρι

pala

Να πάρει!

¡Maldición!

φαράσι

recogedor

δοχείο χρωμάτων

lata de pintura

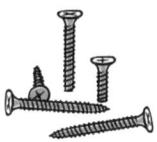

βίδες

tornillos

μουσικά όργανα
instrumentos musicales

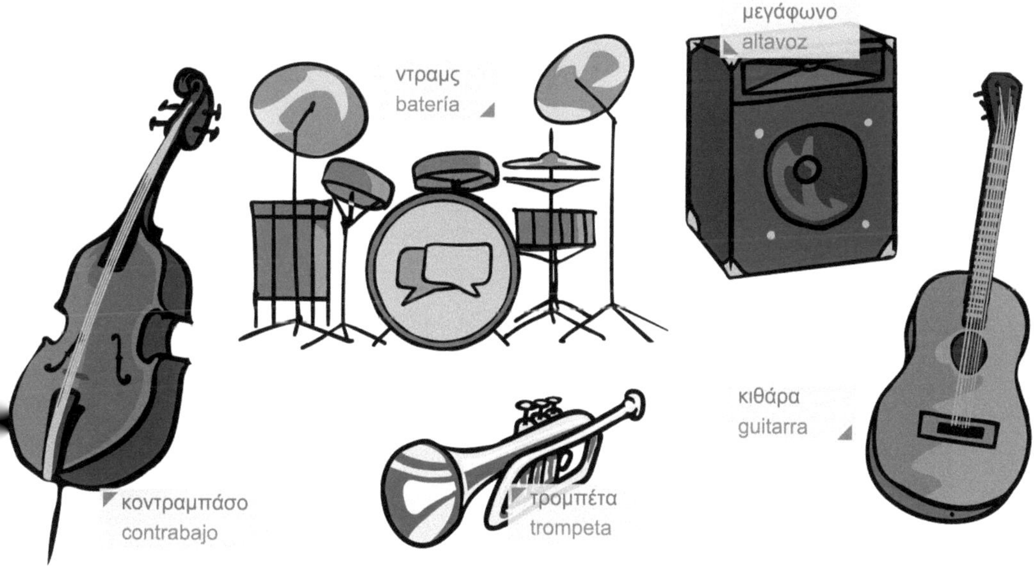

ντραμς
batería

μεγάφωνο
altavoz

κιθάρα
guitarra

κοντραμπάσο
contrabajo

τρομπέτα
trompeta

πιάνο

piano

βιολί

violín

μπάσο

bajo

τύμπανα

timbales

τύμπανο

tambor

πλήκτρα

teclado

σαξόφωνο

saxofón

φλάουτο

flauta

μικρόφωνο

micrófono

ζωολογικός κήπος
zoológico

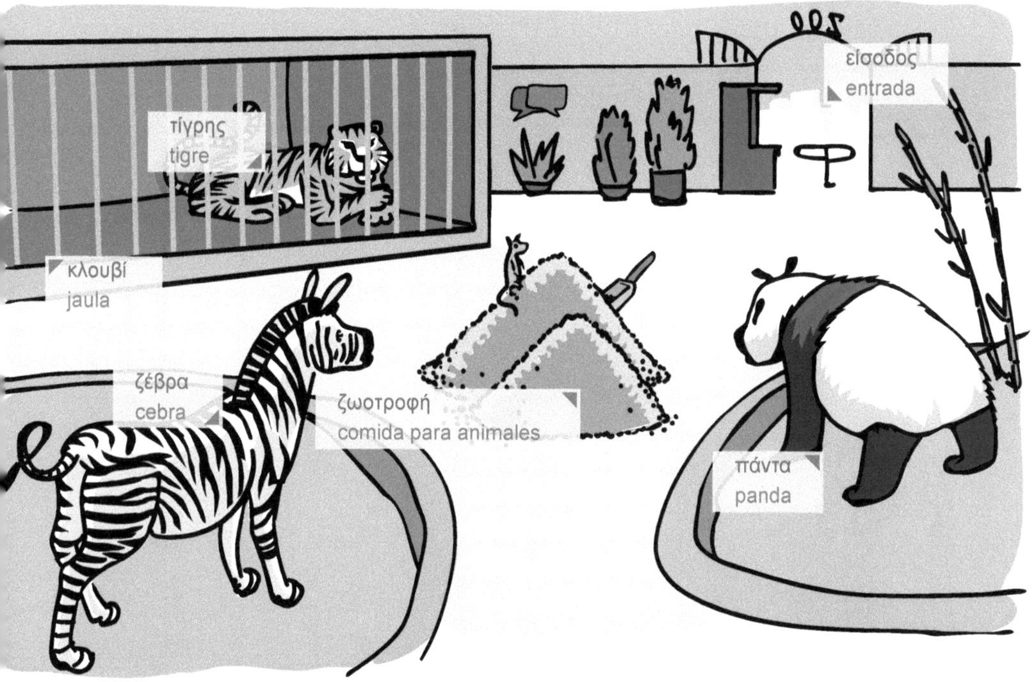

είσοδος
entrada
τίγρης
tigre
κλουβί
jaula
ζέβρα
cebra
ζωοτροφή
comida para animales
πάντα
panda

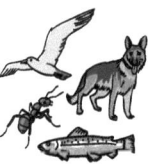

ζώα

animales

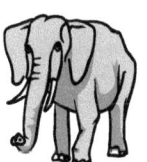

ελέφαντας

elefante

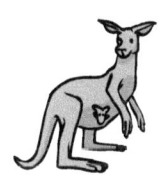

καγκουρό

canguro

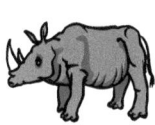

ρινόκερος

rinoceronte

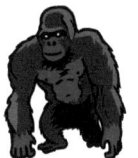

γορίλας

gorila

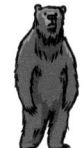

αρκούδα

oso

καμήλα

camello

στρουθοκάμηλος

avestruz

λιοντάρι

león

πίθηκος

mono

φλαμίνγκο

flamengo

παπαγάλος

papagayo

πολική αρκούδα

oso polar

πιγκουίνος

pingüino

καρχαρίας

tiburón

παγώνι

pavo real

φίδι

serpiente

κροκόδειλος

cocodrilo

φύλακας ζωολογικού κήπου

cuidador del zoológico

φώκια

foca

τζάγκουαρ

jaguar

πόνυ

pony

λεοπάρδαλη

leopardo

ιπποπόταμος

hipopótamo

καμηλοπάρδαλη

jirafa

αετός

águila

αγριογούρουνο

jabalí

ψάρι

pescado

χελώνα

tortuga

θαλάσσιος ίππος

morsa

αλεπού

zorro

γαζέλα

gacela

ζωολογικός κήπος - zoológico

Αμερικάνικο ποδόσφαιρο
fútbol americano

ποδηλασία
ciclismo

αντισφαίριση
tenis

μπάσκετ
baloncesto

κολύμβηση
natación

πυγχαμία
boxeo

χόκεϋ επί πάγου
hockey sobre hielo

ποδόσφαιρο
fútbol

μπάντμιντον
badminton

στίβος
atletismo

χάντμπολ
balonmano

σκι
esquí

πόλο
polo

δραστηριότητες
actividades

γελάω
reír
πηδάω
saltar
αγκαλιάζω
abrazar
περπατάω
caminar
τραγουδάω
cantar
ονειρεύομαι
soñar
προσεύχομαι
rezar
φιλάω
besar

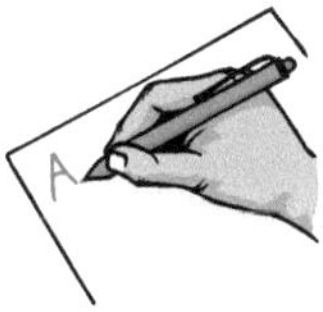

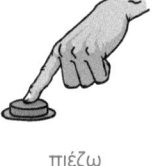

γράφω
escribir

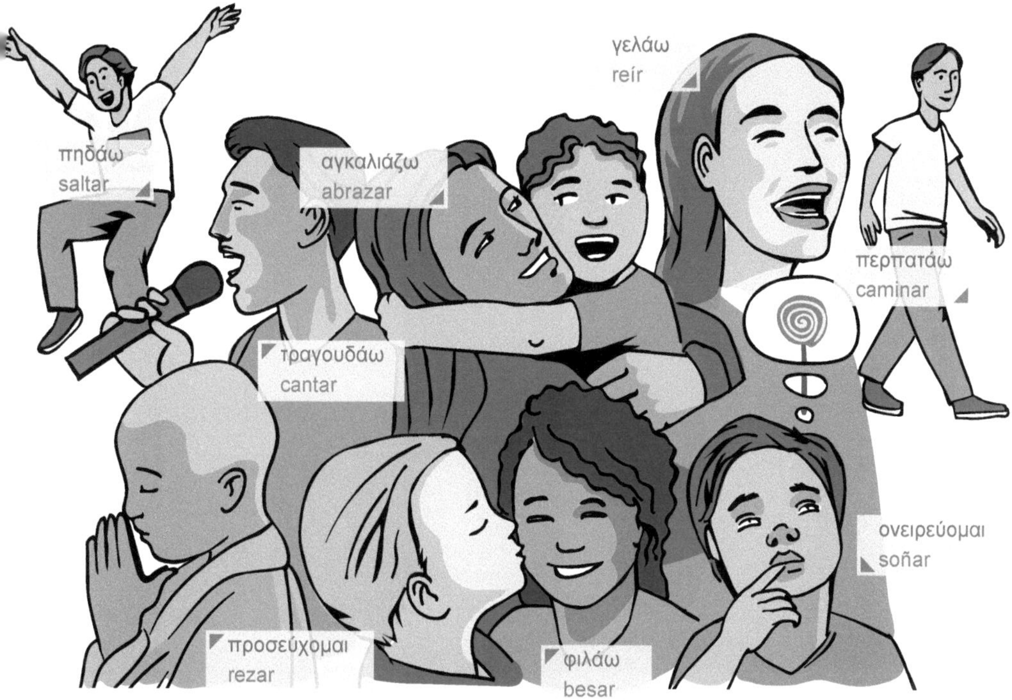

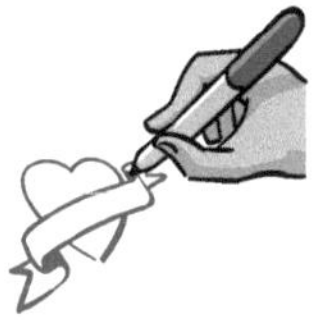

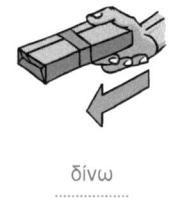

σχεδιάζω
dibujar

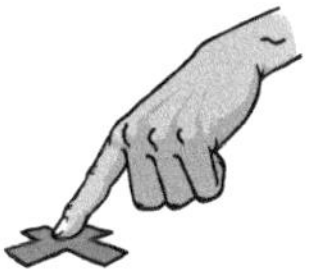

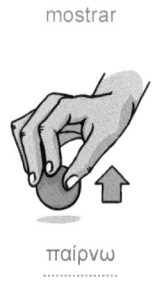

δείχνω
mostrar

πιέζω
presionar

δίνω
dar

παίρνω
tomar

έχω
tener

κάνω
hacer

είμαι
ser

στέκομαι
estar de pie

τρέχω
correr

τραβάω
tirar

ρίχνω
arrojar

πέφτω
caer

ξαπλώνω
estar acostado

περιμένω
esperar

κουβαλώ
llevar

κάθομαι
estar sentado

φοράω
vestirse

κοιμάμαι
dormir

ξυπνάω
despertar

κοιτάω

mirar

κλαίω

llorar

χαϊδεύω

acariciar

χτενίζω

peinarse

μιλάω

conversar

καταλαβαίνω

entender

ρωτάω

preguntar

ακούω

oír

πίνω

beber

τρώω

comer

συγυρίζω

asear

αγαπάω

amar

μαγειρεύω

cocinar

οδηγώ

conducir

πετάω

volar

δραστηριότητες - actividades

κάνω ιστιοπλοΐα

navegar

υπολογίζω

calcular

διαβάζω

leer

μαθαίνω

aprender

δουλεύω

trabajar

παντρεύομαι

casarse

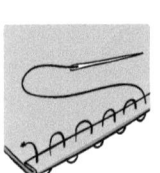

ράβω

coser

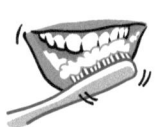

βουρτσίζω τα δόντια

limpiarse los dientes

σκοτώνω

matar

καπνίζω

fumar

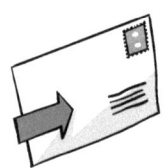

στέλνω

enviar

δραστηριότητες - actividades

οικογένεια
familia

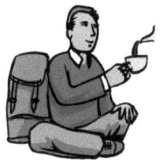

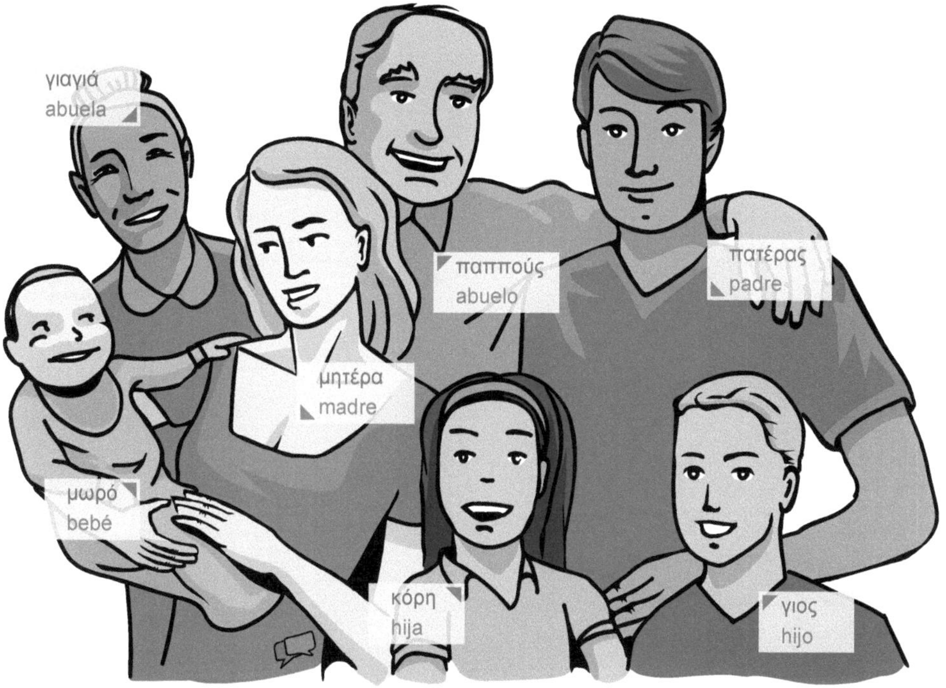

γιαγιά
abuela
παππούς
abuelo
πατέρας
padre
μητέρα
madre
μωρό
bebé
κόρη
hija
γιος
hijo

καλεσμένος

invitado

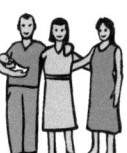

θεία

tía

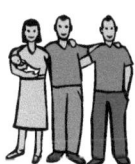

θείος

tío

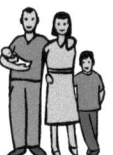

αδελφός

hermano

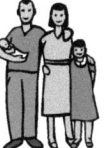

αδελφή

hermana

σώμα
cuerpo

μέτωπο
frente
μάτι
ojo
ώμος
hombro
δάχτυλο
dedo
πρόσωπο
cara
πιγούνι
barbilla
χέρι
mano
πόδι
pierna
στήθος
pecho
βραχίονας
brazo

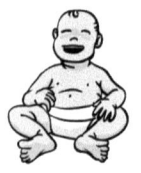

μωρό
bebé

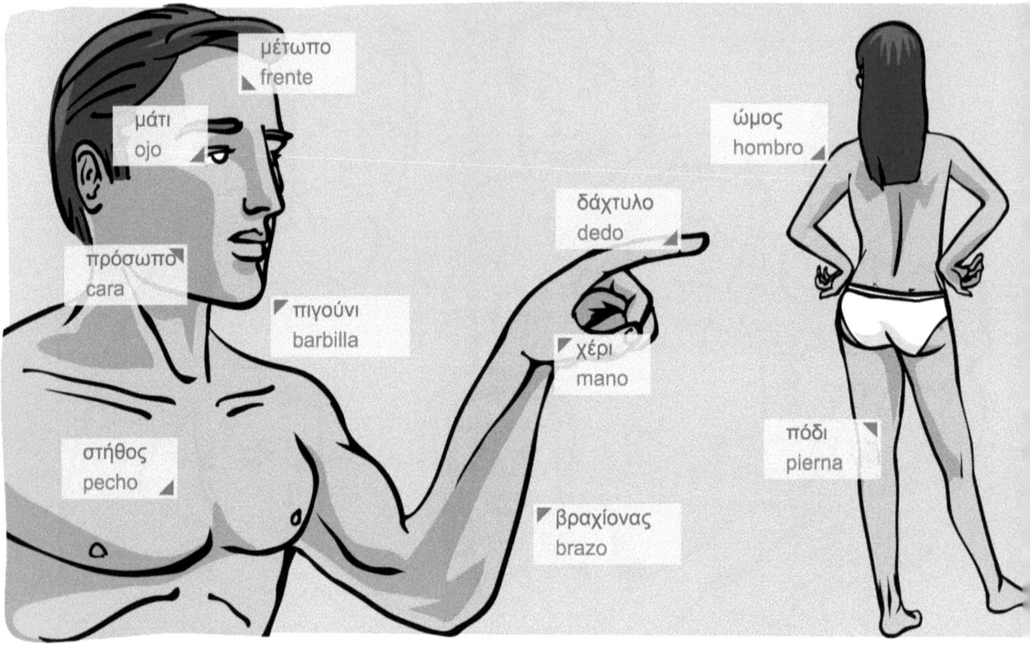

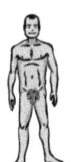

άνδρας
hombre

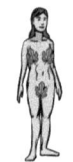

γυναίκα
mujer

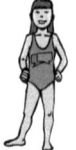

κορίτσι
muchacha

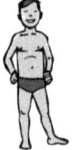

αγόρι
joven

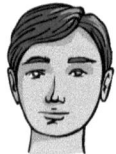

κεφάλι
cabeza

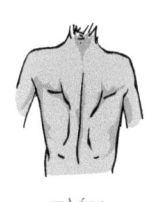

πλάτη

espalda

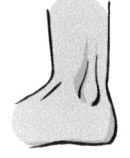

κοιλιά

vientre

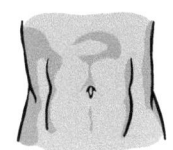

αφαλός

ombligo

δάχτυλο ποδιού

dedo del pie

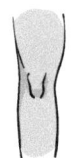

φτέρνα

talón

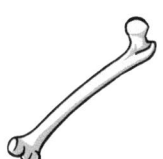

κόκκαλο

hueso

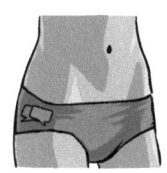

γοφός

cadera

γόνατο

rodilla

αγκώνας

codo

μύτη

nariz

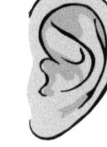

γλουτός

trasero

δέρμα

piel

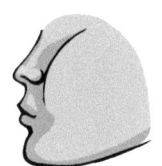

μάγουλο

mejilla

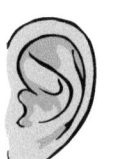

αυτί

oreja

χείλος

labio

στόμα

boca

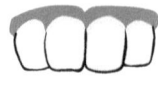

δόντι

diente

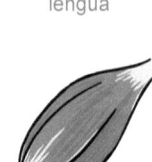

γλώσσα

lengua

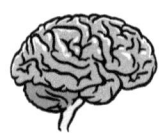

εγκέφαλος

cerebro

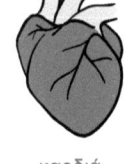

καρδιά

corazón

μυς

músculo

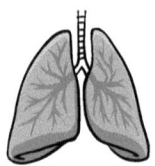

πνεύμονας

pulmón

συκώτι

hígado

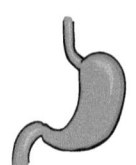

στομάχι

estómago

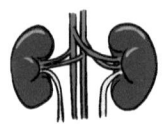

νεφρά

riñones

σεξουαλική επαφή

relación sexual

προφυλακτικό

condón

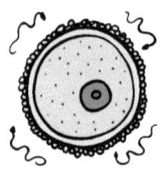

ωάριο

Óvulo

σπέρμα

esperma

εγκυμοσύνη

embarazo

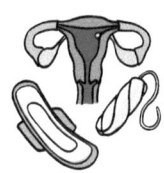

περίοδος

menstruación

γυναικείος κόλπος

vagina

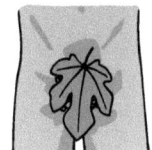

πέος

pene

φρύδι

ceja

μαλλιά

cabello

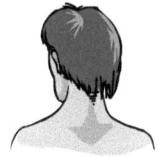

λαιμός

cuello

νοσοκομείο
hospital

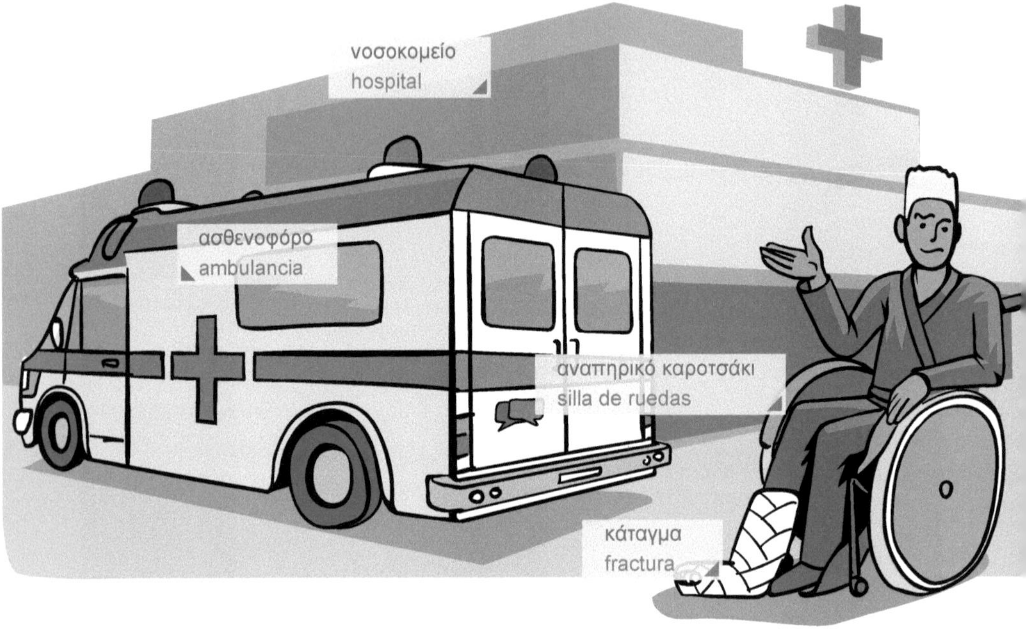

νοσοκομείο
hospital
ασθενοφόρο
ambulancia
αναπηρικό καροτσάκι
silla de ruedas
κάταγμα
fractura

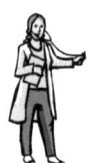

γιατρός

médico

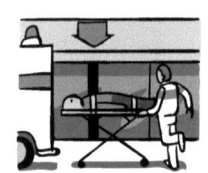

μονάδα εντατικής θεραπείας

admisión de urgencia

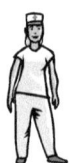

νοσοκόμα

enfermera

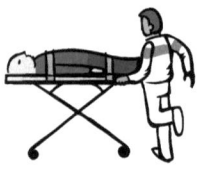

έκτακτη ανάγκη

emergencia

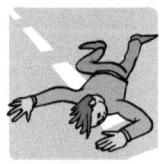

λιπόθυμος

inconsciente

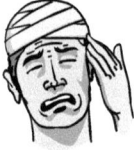

πόνος

dolor

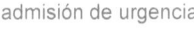

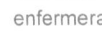

τραύμα

lesión

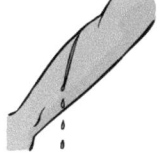

αιμορραγία

hemorragia

έμφραγμα

infarto de miocardio

εγκεφαλικό

apoplejía cerebral

αλλεργία

alergia

βήχας

tos

πυρετός

fiebre

γρίπη

gripe

διάρροια

diarrea

πονοκέφαλος

dolor de cabeza

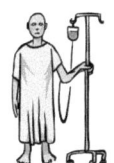

καρκίνος

cáncer

διαβήτης

diabetes

χειρουργός

cirujano

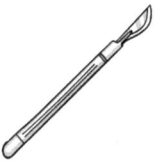

νυστέρι

escalpelo

εγχείρηση

operación

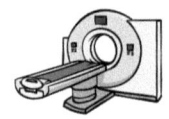

αξονική τομογραφία

TC

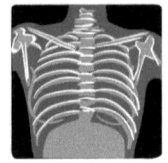

ακτινογραφία

rayos X

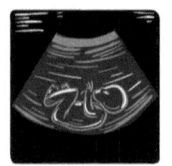

υπέρηχος

ultrasonido

μάσκα

máscara

ασθένεια

enfermedad

αίθουσα αναμονής

sala de espera

πατερίτσα

muleta

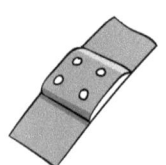

χάνσαπλαστ

emplasto

επίδεσμος

vendaje

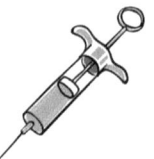

ένεση

inyección

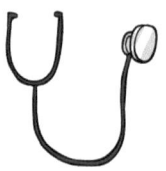

στηθοσκόπιο

estetoscopio

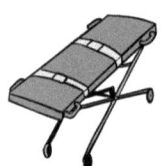

φορείο

camilla

θερμόμετρο

termómetro

γέννηση

nacimiento

υπέρβαρο

sobrepeso

ακουστικό βαρηκοΐας

audífono

αντισηπτικό

desinfectante

λοίμωξη

infección

ιός

virus

HIV/AIDS

VIH / SIDA

φάρμακο

medicina

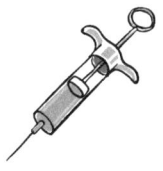

εμβολιασμός

vacunación

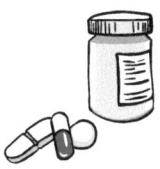

δισκία

comprimido

χάπι

píldora anticonceptiva

κλήση έκτακτης ανάγκης

llamada de emergencia

πιεσόμετρο αίματος

medidor de presión arterial

άρρωστος / υγιής

enfermo / saludable

Βοήθεια!
¡Ayuda!

συναγερμός
alarma

βιαιοπραγία
asalto

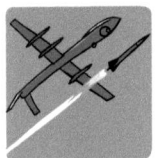

επίθεση
ataque

κίνδυνος
peligro

έξοδος κινδύνου
salida de emergencia

Φωτιά!
¡Fuego!

πυροσβεστήρας
extintor

ατύχημα
accidente

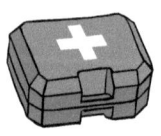

κουτί πρώτων βοηθειών
kit de primeros auxilios

SOS
SOS

αστυνομία
Policía

Ευρώπη

Europa

Βόρεια Αμερική

América del Norte

Νότια Αμερική

América del Sur

Αφρική

África

Ασία

Asia

Αυστραλία

Australia

Ατλαντικός Ωκεανός

Atlántico

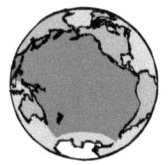

Ειρηνικός Ωκεανός

Pacífico

Ινδικός Ωκεανός

Océano Índico

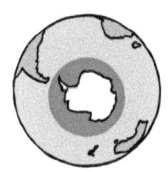

Ανταρκτικός Ωκεανός

Océano Antártico

Αρκτικός Ωκεανός

Océano Ártico

Βόρειος Πόλος

Polo Norte

Νότιος Πόλος

Polo Sur

Ανταρκτική

Antártida

Γη

Tierra

γη

país

θάλασσα

mar

νησί

isla

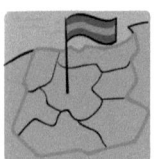

έθνος

nación

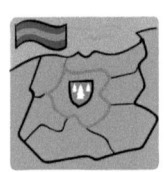

πολιτεία

Estado

καντράν ρολογιού
cuadrante

ωροδείκτης
horario

λεπτοδείκτης
minutero

δείκτης δευτερολέπτων
segundero

Τι ώρα είναι;
¿Qué hora es?

ημέρα
día

χρόνος
tiempo

τώρα
ahora

ψηφιακό ρολόι
reloj digital

λεπτό
minuto

ώρα
hora

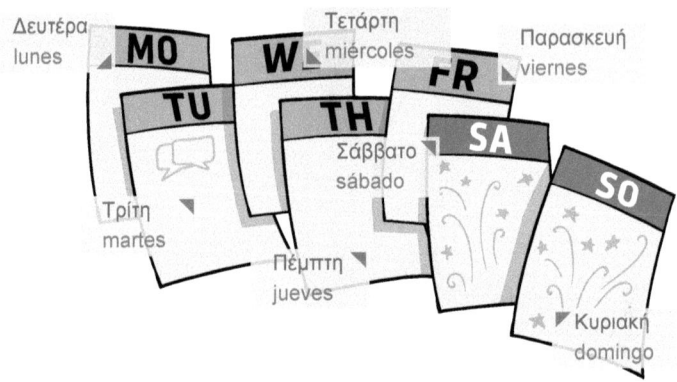

Δευτέρα / lunes — MO
Τετάρτη / miércoles — W
Παρασκευή / viernes — FR
TU
TH
SA
SO
Τρίτη / martes
Σάββατο / sábado
Πέμπτη / jueves
Κυριακή / domingo

χθες
....
ayer

σήμερα
....
hoy

αύριο
....
mañana

πρωί
....
mañana

μεσημέρι
....
mediodía

βράδυ
....
tarde

MO	TU	WE	TH	FR	SA	SU
1	2	3	4	5	6	7
8	9	10	11	12	13	14
15	16	17	18	19	20	21
22	23	24	25	26	27	28
29	30	31	1	2	3	4

εργάσιμες ημέρες
....
jornada de trabajo

MO	TU	WE	TH	FR	SA	SU
1	2	3	4	5	6	7
8	9	10	11	12	13	14
15	16	17	18	19	20	21
22	23	24	25	26	27	28
29	30	31	1	2	3	4

Σαββατοκύριακο
....
fin de semana

βροχή
lluvia

ουράνιο τόξο
arco iris

άνεμος
viento

χιόνι
nieve

άνοιξη
primavera

φθινόπωρο
otoño

καλοκαίρι
verano

χειμώνας
invierno

4.APRIL	11°
5.APRIL	4°
6.APRIL	13°
7.APRIL	8°
8.APRIL	10°

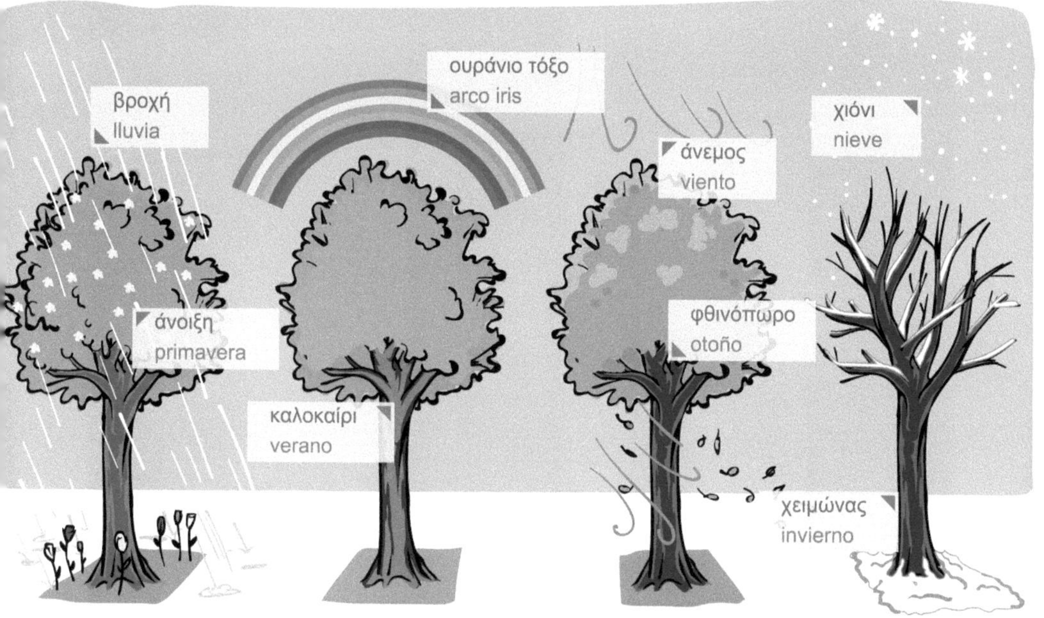

πρόγνωση καιρού

pronóstico meteorológico

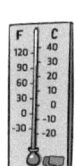

θερμόμετρο

termómetro

λιακάδα

luz solar

σύννεφο

nube

ομίχλη

niebla

υγρασία

humedad ambiente

αστραπή

relámpago

κεραυνός

trueno

καταιγίδα

tormenta

χαλάζι

granizo

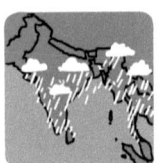

μουσώνας

monzón

πλημμύρα

inundación

πάγος

hielo

Ιανουάριος

enero

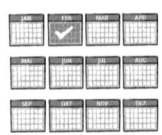

Φεβρουάριος

febrero

Μάρτιος

marzo

Απρίλιος

abril

Μάιος

mayo

Ιούνιος

junio

Ιούλιος

julio

Αύγουστος

agosto

έτος - año

Σεπτέμβριος

septiembre

Οκτώβριος

octubre

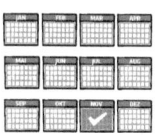

Νοέμβριος

noviembre

Δεκέμβριος

diciembre

σχήματα
formas

κύκλος

círculo

τετράγωνο

cuadrado

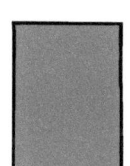

ορθογώνιο
παραλληλόγραμμο
rectángulo

τρίγωνο

triángulo

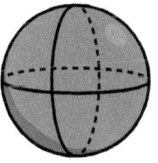

σφαίρα

esfera

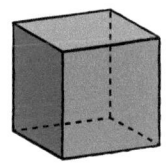

κύβος

cubo

άσπρο

blanco

κίτρινο

amarillo

πορτοκαλί

anaranjado

ροζ

rosa

κόκκινο

rojo

μωβ

lila

μπλε

azul

πράσινο

verde

καφέ

marrón

γκρι

gris

μαύρο

negro

πολύ / λίγο

mucho / poco

θυμωμένος / ήρεμος

enojado / calmado

όμορφος / άσχημος

bonito / feo

αρχή / τέλος

comienzo / fin

μεγάλος / μικρός

grande / pequeño

φωτεινός / σκοτεινός

claro / oscuro

αδελφός / αδελφή

hermano / hermana

καθαρός / λερωμένος

limpio / sucio

πλήρης / ατελής

completo / incompleto

ημέρα / νύχτα

día / noche

νεκρός / ζωντανός

muerto / vivo

φαρδύς / στενός

ancho / angosto

βρώσιμος / μη βρώσιμος

disfrutable / no disfrutable

κακός / ευγενικός

malo / amigable

ενθουσιασμένος / βαριεστημένος

excitado / aburrido

παχύς / λεπτός

gordo / delgado

πρώτος / τελευταίος

primero / último

φίλος / εχθρός

amigo / enemigo

γεμάτος / άδειος

lleno / vacío

σκληρός / μαλακός

duro / suave

βαρύς / ελαφρύς

pesado / liviano

πείνα / δίψα

hambre / sed

άρρωστος / υγιής

enfermo / saludable

παράνομος / νόμιμος

ilegal / legal

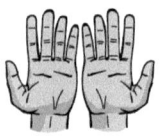

έξυπνος / χαζός

inteligente / tonto

αριστερός / δεξιός

izquierda / derecha

κοντινός / μακρινός

cercano / lejano

καινούριος /
μεταχειρισμένος

nuevo / usado

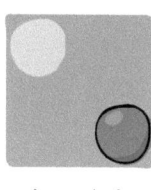

τίποτα / κάτι

nada / algo

γέρος | νέος

viejo / joven

αναμμένος / σβηστός

encendido / apagado

ανοιχτός / κλειστός

abierto / cerrado

χαμηλόφωνος /
μεγαλόφωνος
bajo / fuerte

πλούσιος / φτωχός

rico / pobre

σωστός / λανθασμένος

correcto / incorrecto

τραχύς / λείος

áspero / liso

λυπημένος / χαρούμενος

triste / alegre

κοντός / μακρύς

breve / extenso

αργός / γρήγορος

lento / veloz

υγρός / στεγνός

mojado / seco

ζεστός / δροσερός

caliente / frio

πόλεμος / ειρήνη

guerra / paz

αντίθετα - opuestos

0	1	2
μηδέν	ένα	δύο
cero	uno	dos

3	4	5
τρία	τέσσερα	πέντε
tres	cuatro	cinco

6	7	8
έξι	εφτά	οκτώ
seis	siete	ocho

9	10	11
εννιά	δέκα	έντεκα
nueve	diez	once

12
δώδεκα
doce

13
δεκατρία
trece

14
δεκατέσσερα
catorce

15
δεκαπέντε
quince

16
δεκαέξι
dieciséis

17
δεκαεφτά
diecisiete

18
δεκαοκτώ
dieciocho

19
δεκαεννέα
diecinueve

20
είκοσι
veinte

100
εκατό
cien

1.000
χίλια
mil

1.000.000
εκατομμύριο
millón

αριθμοί - números

Αγγλικά

inglés

Αμερικάνικα Αγγλικά

inglés estadounidense

Μανδαρίνικα Κινέζικα

chino mandarín

Χίντι

hindi

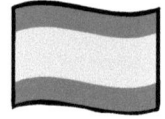

Ισπανικά

español

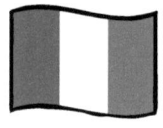

Γαλλικά

francés

Αραβικά

árabe

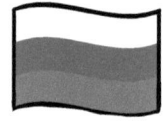

Ρώσικα

ruso

Πορτογαλικά

portugués

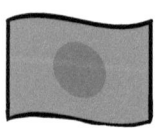

Μπενγκάλι

bengalí

Γερμανικά

alemán

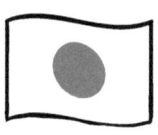

Ιαπωνικά

japonés

εγώ

yo

εσύ

tú

αυτός / αυτή / αυτό

él / ella

εμείς

nosotros

εσείς

vosotros

αυτοί / αυτές / αυτά

ellos

ποιος / ποια / ποιο;

¿quién?

τι;

¿qué?

πώς;

¿cómo?

πού;

¿dónde?

πότε;

¿cuándo?

όνομα

nombre

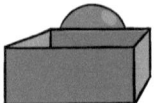

πίσω

detrás

μέσα

en

μπροστά

delante de

πάνω από

encima de

πάνω

sobre

κάτω

debajo de

δίπλα

junto a

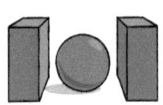

ανάμεσα

entre

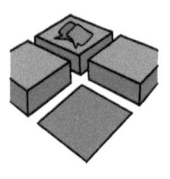

μέρος

lugar